LEANDRO KARNAL

A CORAGEM DA ESPERANÇA

Planeta

Copyright © Leandro Karnal, 2021
Copyright © Editora Planeta do Brasil, 2021
Todos os direitos reservados.

Preparação: Andressa Veronesi
Revisão: Mariana Cardoso, Elisa Martins e Departamento editorial da Editora Planeta do Brasil
Diagramação: Vivian Oliveira
Capa: Estúdio Insólito
Imagem de capa: yayasya/Shutterstock

Dados Internacionais de Catalogação na Publicação (CIP)
Angélica Ilacqua CRB-8/7057

Karnal, Leandro
  A coragem da esperança / Leandro Karnal. – São Paulo: Planeta, 2021.
  288 p.

  ISBN: 978-65-5535-401-0

  1. Crônicas brasileiras I. Título

21-1904   CDD B869.8

Índices para catálogo sistemático:
1. Crônicas brasileiras

2021
Todos os direitos desta edição reservados à
EDITORA PLANETA DO BRASIL LTDA.
Rua Bela Cintra 986, 4º andar – Consolação
São Paulo – SP – 01415-002
www.planetadelivros.com.br
faleconosco@editoraplaneta.com.br

Há muitos cangurus no mundo.
Gosto dos cangurus vitoriosos, em particular.
Este livro é dedicado à coragem dos marsupiais.
Não entendeu?
Confesso que eu também já passei
pela mesma dificuldade.
Ao fim, vence o amor que,
como as dedicatórias dos livros,
é sempre terno, quiçá eterno.

SUMÁRIO

PREFÁCIO. VOCÊ É ÚTIL OU INÚTIL? 7

INTRODUÇÃO 13

PARTE 1. VIDA EM MIGALHAS 17

PARTE 2. MEMÓRIAS 81

PARTE 3. A CULTURA E O PODER 141

PARTE 4. O DESAFIO DA COMUNICAÇÃO 175

PARTE 5. VER E OUVIR 209

PARTE 6. A FICÇÃO DO REAL 237

PARA ENCERRAR: ESPERANÇA? 283

AGRADECIMENTOS 287

PREFÁCIO

Você é útil ou inútil?

Ignácio de Loyola Brandão

Comecei a ler disparado este novo Karnal como se fosse um livro comum de crônicas, querendo sorver tudo. Absorver tudo rapidamente. Errei, não é livro para ser lido assim. Crônica se lê devagar, com calma. Não saia em velocidade. Crônica é deleite, lentidão, reflexão. Uma das intenções do cronista é dar alegria, prazer. Karnal, historiador, filósofo, professor, parece simples, mas resvala pela erudição sem ser aborrecido, impertinente e, mais que tudo, sem querer humilhar, "veja o tanto que sei". Não! Ele cita Pandora, mas também Rita Hayworth, Khalil Gibran, Freud, Dante, Ismália, Anna Karenina (sem escrever Kariênina, como alguns inteligentes), Plínio Salgado (que volta à moda depois de merecido ostracismo), Foucault, Judith Butler, Ártemis, Padre Vieira, Newton, Aristóteles, Pietro della Vecchia, Dario III, Rita Lee, Ney Matogrosso, como se fossem familiares, de nosso círculo cotidiano, como se deles tudo soubéssemos. Esse homem tem um jeito ameno de contar sem pompa, sem dizer "sou mais eu", sem "veja o tanto de coisas que sei e vou repartir com você".

A crônica tem sido um gênero discutido no Brasil, onde ele viceja (epa! Viceja?) por toda a parte. Gênero que, por anos, acadêmicos pernósticos viram com preconceito, como literatura menor, até que o poeta e ensaísta José Paulo Paes alertou: "Parem! Qualquer texto mal escrito é subliteratura". Na verdade, sempre houve certo desdém, que, agora, aos poucos, vem sendo eliminado. Preconceito? Machado de Assis foi cronista, Lima Barreto, Olavo Bilac, João do Rio, Rachel de Queiroz, Cecília Meireles, Carlos Drummond de Andrade e os paranaenses Emiliano Perneta e Helena Kolody também, sem deixar de lado Clarice Lispector, que até foi demitida do *Jornal do Brasil* sob a alegação de que não sabia escrever crônica. O editor – cujo nome se perdeu – não deve ter lido *A descoberta do mundo*, livro admirável, cujos textos foram publicados exatamente no *JB*. E ainda há Rubem Braga, Nelson Rodrigues, Fernando Sabino, Otto Lara Resende, Stanislaw Ponte Preta, Paulo Mendes Campos, Paulo Francis, Zuenir Ventura, Luis Fernando Verissimo, Sérgio Abranches, Miriam Leitão.

Há, no Brasil, centenas de cronistas lidos com deleite, cada um em uma vertente. Para mim, a crônica é um momento do cotidiano, Instagram literário, fotografia de um instante significativo e poético que pode eventualmente ser indignado, feroz, e aqui incluo companheiros como Mario e Antonio Prata, Tati Bernardi, das mais demolidoras que conheço, Ruth Manus, Djamila Ribeiro, Marilene Felinto, Mariliz Pereira Jorge, Ruy Castro, Luís Henrique Pellanda. E agora Leandro Karnal.

Confesso que, quando ele começou no jornal *O Estado de S. Paulo*, impliquei. Meu problema é este: a implicância. Confessar me absolve? A princípio, eu achava Karnal pedante, distante. Mudei totalmente de opinião, penso que ele é necessário, é uma nova corrente, uma virada na crônica tradicional. Por trás de sua seriedade grave, está um autor mordaz, que nos espicaça, nos faz tropeçar. À medida que lemos vamos encontrando perguntas, questionamentos, muitas vezes irrespondíveis. Ao menos por nós, leitores comuns. Ele nos leva do vasto mundo à migalha. Adverte à certa altura: "Cada texto aqui traz uma lente voltada ao pequeno, ao comum, ao cenário biográfico de todos nós. Como extrair beleza e sentido da pequena porção?".

De tempos para cá surgiu um grupo de cronistas com estofo de historiadores, de filósofos, cujos textos nos levam a olhar com mais intensidade para a vida e o mundo. Cronistas que nos jogam no colo questões insólitas, interrogações incômodas. Eles chegaram para nos sacudir. Estava lendo Karnal, com calma, quando dei com esta: "[...] quando começamos a falar sobre o que é útil ou inútil, devemos ter cuidado. Pela dialética clássica, podemos despertar a mesma pergunta para nosso campo e alguém pode devolver a pergunta a quem a faz: você é útil ou inútil? Além dessas categorias, existe uma pior: você faria alguma falta?".

Pronto, estamos encurralados. Sou útil? O que é útil? Seria eu inútil? Farei falta? E se ninguém sentir minha falta? Entramos na roda, e esse é o momento de olharmos para nós mesmos. Mas prossiga, a resposta pode estar lá na frente em outro texto. Esta é uma das muitas manobras sutis deste cronista. Fala por meio de fábulas. Como em toda fábula, há sempre uma breve moral. Cito uma: "É preciso ter esperança com cada novo normal da vida". Olhe em volta: pandemia, isolamento, nada de visitas, toques, beijinho na face.

À certa altura, em tempos politicamente corretos, você se depara com esta questão: "Carlos Drummond trabalhou com competência e esforço para o governo que prendeu Luís Carlos Prestes e enviou a companheira do líder comunista para a morte. O mesmo poeta escreveria para a *Tribuna Popular*, jornal ligado ao Partido Comunista, quando a anistia trouxe os militantes para uma breve primavera legal. Deveríamos abandonar a leitura d'*O Guarani*, de Alencar, ou do poema 'E agora, José?', de Drummond, por causa de incoerências ou por valores considerados estranhos ao nosso universo moral?".

Tem mais.

"O que fazer com as opiniões misóginas de Nietzsche ou Schopenhauer no século XIX? Como superar as referências politicamente incorretas de Monteiro Lobato? Como tratar o racismo declarado de Jorge Luis Borges? Muitos que apedrejam a memória de Borges perdoam a admiração de outro gênio por outro ditador: Gabriel García Márquez a Fidel Castro."

É fácil? Sentiu-se colocado em xeque? Pois o cronista está aqui para isso, nos levar a reavaliar, repensar. Em momento algum ele deixa de nos colocar diante da realidade do mundo, do que gira ao nosso redor, de como nos inserimos no Universo, o que pensamos sobre o ser humano.

"Foram duas epidemias no ano de 2020. A primeira, trágica, de coronavírus. A segunda, sem vítimas, a das *lives*. [...] Todo mundo decidiu falar para o mundo. O anonimato virou a dor mais aguda do mundo da internet. [...] Ser conhecido é existir. O anonimato é a morte dolorosa em vida. Novidade?"

Ou quando fala em loucura, hoje é fácil, ela justifica tudo, os atos mais insanos: "Tenho temido o crescimento do outro tipo de loucura, aquela amparada na classificação psiquiátrica. Acompanho, com horror, cenas como o perigoso empurrão de uma senhora sobre o Padre Marcelo ou o casal de mulheres que tortura e mata um menino: é uma lista infindável de pessoas que não apresentam a loucura risível, todavia a perigosa e assassina".

Nunca se falou tanto em criatividade, foram escritos tantos livros e manuais, surgiram tantas teorias. Todo mundo quer ser criativo. Mas o que é criatividade? Sintetizo o que Karnal escreveu porque o assunto me interessa muito. Se faço tantas citações é com o propósito de levá-lo ao livro, atraí-lo. Prefácios são uma das estratégias para seduzir leitores.

"[...] as funções repetitivas e mecânicas estão, cada vez mais, a cargo de algoritmos e robôs. [...] A pressão aumentou. Se alguém não tiver ideias, será obrigado a trabalhar para quem apresentá-las. O futuro demanda, mais do que nunca, gente criativa. [...] A criatividade não é, de fato, um dom natural que teria sido dado a alguns. Ela implica alguns fatos como atenção, estímulo, superação do medo de errar, informações variadas, práticas e aprendizado, especialmente com equívocos passados. [...] Ousadia sem insanidade, capacidade de quebrar barreiras pessoais, experimentação, busca de conhecimentos novos em áreas distintas e sólida formação: são ingredientes que podem ajudar na constituição de um caminho criativo. A necessidade é a mãe da invenção. Precisamos de um problema para elaborar uma resposta nova. [...] representa o saber acumulado e organizado de milhares de pessoas antes de mim. [...] pensar em uma nova resposta a partir das soluções dadas. Nada é criado como absolutamente novo e pouco pode ser transformado sem saber o caminho feito até ali."

Tento finalizar, mas ainda me lembro do personagem que ele criou, cuja infelicidade era não ter músculos abdominais definidos (ah, Nelson Rodrigues) ou o complexo de altura (ser pequeno é horrível, mas...), e também me chegam breves perguntas que o autor faz à queima-roupa:

Por que amamos?
Qual é o Cristo do amor?
Para que servimos?

Este livro é complicado no bom sentido. Não paramos de ler, tememos que termine. Assim, lemos devagar, absorvemos mais. Vamos e voltamos. Riscamos frases, ele nos ensina com jeito, afinal Karnal foi professor, tem didática. Outra coisa: levanta assuntos para conversas. Você o vê na televisão, nas *lives*, nas palestras, sério, econômico, mas quando abre o riso, o mundo fica claro. Fique ali, não se afaste, não o deixe, ele é assim mesmo (ou, a mim, parece) circunspecto, seduz, não perde uma deixa. O livro é seu, agora.

INTRODUÇÃO

Memória real e desejo, passado e futuro tensionando o instante atual: cansaço e esperança. Os dois conceitos ilustram o título: *A coragem da esperança*. Cada dia difícil da nossa experiência de pandemia, crise econômica e tensão política parecia indicar a vontade de pensar, superar, acreditar de novo, erguer o dique da razão contra a maré desafiadora ao redor. O dr. Simão Bacamarte (*O alienista*, Machado de Assis) assinalava que a loucura era um oceano, e a razão uma ilha nele. Vejo a esperança como um pequeno promontório ilhado, menor do que os fatos circunstantes, ainda assim, necessário. A personagem do Bruxo do Cosme Velho foi se inclinando à vitória do delírio, impossível de ser vencido. Eu me refugio na capacidade de escrever, pensar, reagir, interagir e dizer, a cada momento, em 5 mil toques, que há outros lugares possíveis. Não se trata de escapismo, todavia vontade imperiosa da vida em se manter e continuar. É a ânsia da vida por ela mesma, como dizia Khalil Gibran, dos filhos que, gerados, deixam de nos pertencer.

Aqui está a quarta coletânea de crônicas publicadas no *Estadão*. A cada ano, a lista de jornais que também estampam meus textos cresce: *O Estado de S. Paulo*, *Zero Hora* (Porto Alegre – RS), *Jornal Cruzeiro do Sul* (Sorocaba – SP),

O Liberal (Belém – PA), *Diário da Região* (São José do Rio Preto – SP) e *Correio Popular* (Campinas – SP). Da Amazônia ao Sul, a extensão aumenta minha responsabilidade e a vontade de dizer algo significativo para tantos leitores. Existe o desafio da forma e do conteúdo, algo compreensível com alguma graça e que estimule um pensamento. Sei que, por vezes, um dos três pilares supera os outros.

O leitor que acompanhou a publicação de *Diálogo de culturas*, *O coração das coisas* e *O mundo como eu vejo* já sabe que existem opções e recortes sobre o desafio de publicar textos duas vezes por semana. Por vezes, o gestar da crônica ocorre no tempo esperado, com bebê saudável, parto natural e pai feliz. Em outras, implica uma cesariana. Por fim, uma ou outra sofre auxílio de fórceps. Não sei se é assim com outros autores. Eu tenho partos muito variados.

Quando muito jovem, li livros de Ignácio de Loyola Brandão. Em particular, na faculdade, fiquei marcado por *Não verás país nenhum*. Era angustiante, quente, distópico. Muitas águas sob as pontes da minha vida e, há dois anos, li *Desta terra nada vai sobrar, a não ser o vento que sopra sobre ela*. Entre um fato e outro, tive a surpresa enorme de receber um e-mail do Ignácio sobre um texto meu. Foi um impacto descomunal saber que era lido por um grande autor, e que ele, curiosamente, gostava da minha verve. Depois, com certa regularidade, me enviava e-mails sobre algum tema de que eu tratara e ele ficara tocado. Por exemplo, falamos da atriz Rita Hayworth, a Gilda, que ele chegou a ver ao vivo. A proximidade cria alguns inconvenientes: pedi a ele que fizesse o prefácio do meu novo volume de crônicas. Eis meus pequenos textos prefaciados por um imortal que eu admiro há décadas. Sou profundamente grato ao grande autor.

Polônio indicava que a loucura de Hamlet tinha método. A minha quase sanidade também se orgulha do mesmo. O julgamento é do estimado leitor e da querida leitora. Como usei o jargão toda semana, reforço a ideia agora, encerrando o começo: é preciso ter esperança. O tempo passado foi de dificuldades inéditas, de exaustão, de cansaços cotidianos, de cenas complexas de assimilar. Houve muita dor, e nossos corpos ou paciência podem ter sofrido rachaduras significativas. Continuo apostando na esperança. Acho que a vida é insuportável sem ela. Que cada crônica seja sua ilha ou, ao menos, uma pequena boia. Sempre estivemos à deriva. Agarre-se! Ler é flutuar a esmo na íris da eternidade, com esperança, de preferência.

Dizem que ela estava na caixa de Pandora. Prefiro imaginá-la como uma caixa-preta, aquele mecanismo que registra cada decisão do voo da vida. Quando chegar ao fim, quero que examinem os destroços da existência e mostrem que as correções de rumo foram ditadas pela esperança. Esperança cruel porque me fez acreditar sempre, mesmo quando não deveria mais; necessária porque explica toda a viagem. Essa é, em crônicas e ideias, a coragem da esperança.

PARTE 1

Vida em migalhas

A migalha é um fragmento, o átomo poético do "pão nosso de cada dia". O olhar sobre ela é muito especial: implica atenção, foco, uma habilidade superior que rasgue o tecido repetitivo do cotidiano. Cada texto aqui traz uma lente voltada ao pequeno, ao comum, ao cenário biográfico de todos nós. Como extrair beleza e sentido da pequena porção?

Afinal, para o que servimos?

Tenho a tentação de explicar para o que eu sirvo. A pergunta é complexa. Comecei a trabalhar aos 16 anos com carteira assinada. Desde a primeira formatura, em História, aumentei minha carga horária sucessivamente. Dei aula em instituições públicas e privadas e colaborei na educação de milhares de alunos. Formei muitos professores e pesquisadores na Unicamp e escrevo livros. Tenho elaborado muitos artigos, orientado pessoas, dado entrevistas, palestras, colaborado com trabalho voluntário em instituições e outras questões menores. Volto à questão: para o que eu serviria?

Oscar Wilde achava que o Estado deve fazer o que é útil, e o indivíduo, o que é belo. É um terreno pantanoso. Vamos imaginar que útil seja aquilo que produza um bem concreto e objetivo. Nesse caso, o marceneiro é muito útil. O padeiro é um monumento à utilidade. Um agricultor e um operário são indispensáveis. Precisaríamos de filósofos? Seriam necessários políticos? O mundo não sobreviveria sem militares?

Voltemos ao campo da definição. Se as faculdades de Filosofia pararem por um mês, poucos notarão. Talvez o trânsito melhore, inclusive. Dez minutos de paralisação do metrô causam um caos que Sócrates algum poderia supor. O Brasil não dispara tiros contra um inimigo externo desde 1945. Seriam úteis as Forças Armadas? Se o ministro da Educação passasse para outra dimensão e os mecanismos de transferências de recursos estivessem no automático dos computadores, alguém deixaria de existir? Afinal, para o que poderia servir um filósofo, um ministro ou um militar?

Como eu indiquei, produtores de bens materiais de primeira linha, como pães, nunca foram classificados como parasitas ou inúteis. Serviços estratégicos, como metrô ou motoristas de caminhão, têm imenso poder de fogo. E os bens imateriais? Os serviços que não apresentam algo muito concreto, como padres rezando missas ou pastores celebrando cultos? De novo, o mundo pararia sem rabinos, padres ou pastores? Para religiosos, a falta dos ministros de Deus seria um desastre. Porém, e para o mundo do pão e do metrô? Fariam falta?

Imagine que o Brasil amanheceu sem poetas, sem filósofos, sem críticos de arte, sem ministros, sem palestrantes, sem decoradores, sem maquiadores de defuntos, sem capitães ou sem pastores: que falta todos fariam? Em uma ilha deserta, você preferiria qual profissão para salvar? O mundo vai acabar, selecione entre um ministro da Educação e um agricultor, entre um médico e um capitão reformado. O que você escolheria?

Quando eu era criança, no meu livro do primário, havia imagens de animais "úteis e nocivos". As vacas eram úteis, bem como as abelhas. Os mosquitos eram nocivos, claro. No meio desse antropocentrismo especista, havia pouco questionamento sobre o critério da utilidade. No livro didático dos camaleões, por exemplo, mosquitos seriam muito úteis e humanos muito nocivos. A ética camaleônica, insetívora, apoiaria exterminar humanos e preservar o *Aedes aegypti*.

É preciso reconhecer que o conceito de utilidade é um pouco mais elástico do que aquele centrado no produto material. Os caminhoneiros são essenciais no Brasil. Eles existem porque houve a invenção do motor a explosão e o surgimento de cientistas que transformaram petróleo em combustível, muitos ligados à área de pesquisa da universidade. As áreas de pesquisa cresceram quando filósofos como Descartes criaram métodos racionais para pensar problemas específicos e paradigmas físicos foram tratados por pensadores como Newton. O cientista inglês, aliás, era também astrólogo nas horas vagas; vejam que coisa curiosa. O diálogo entre o método científico, a universidade, os pesquisadores, os cientistas oficiais e avulsos e os inventores privados deu origem ao mundo complexo que possibilita ao caminhoneiro existir.

Compreender esse mundo inclui saber que certas éticas religiosas do trabalho devem ter colaborado para o progresso do capitalismo como previa o sociólogo Weber. Fundamental supor que elementos religiosos, filosóficos, científicos e demandas de mercado foram se tornando elos de uma corrente que possibilitava Pascal ser um grande filósofo, renomado teólogo e inventor de teorias matemáticas usadas até hoje. Aliás, ele também deduziu uma máquina de calcular muito engenhosa. O conhecimento de um Leonardo da Vinci ou de um Pascal nunca pensou em utilidade, porém no sentido socrático de que todo conhecimento que nos torna melhores é útil. A realidade é mais complexa do que o tijolo feito pelo oleiro para um muro. Ainda que o olho simples e comum só veja o tijolo (algo útil), a concepção artesanal ou arquitetônica vai dialogar com sujeitos invisíveis além do que tocamos.

O tema é vasto e contém muitas bibliotecas de apoio para argumentos. Fiquemos apenas em um questionamento: quando começamos a falar sobre o que é útil ou inútil, devemos ter cuidado. Pela dialética clássica, podemos despertar a mesma pergunta para nosso campo e alguém pode devolver a pergunta a quem a faz: você é útil ou inútil? Além dessas categorias, existe uma pior: você faria alguma falta? É preciso ter esperança.

Enredo, cenário e elenco

Talvez tenha ocorrido no domingo passado ou nos eventos do fim de ano. Você preparou o enredo para uma reunião familiar. A ideia era uma mesa bonita e gente feliz ao redor dela. Se você for um detalhista e seu nível de organização, algo elevado, gastou um tempo preparando uma trilha sonora. Os convites foram essenciais e complexos. As pessoas foram pensadas detidamente, tanto as que você gostaria de verdade que viessem como as obrigatórias. Talvez tenha pesado o custo de chamar ou não determinado parente: o que causaria menos dano? Logísticas familiares podem fazer inveja a estratégias de acordos diplomáticos internacionais. Todo o planejamento faz parte do enredo. Sempre há alguém elaborando roteiros na família.

Passada a fase do enredo, temos o cenário. A produção sempre recairá sobre uma ou poucas pessoas. Em todas as famílias (e casais) há jardineiros e há flores; pessoas que cuidam e outras que são cultivadas. Há quem chegue para o almoço com a roupa do corpo. Nada fez ou preparou e, com sorte, será uma flor sorridente. Eu chamo esses de "tipos mágicos", pois acreditam que tudo brota de um portal sobrenatural no teto da sala de jantar. Como em um jardim, quanto mais o jardineiro regar e cuidar, mais as flores serão viçosas e... dependentes. Em outras palavras, se você assumiu muitas coisas, não reclame, pois criou um jogo que tem como efeito o afastamento de outras pessoas. Por que mimamos pessoas e depois reclamamos que elas nada providenciam? Por que estranhamos o quadro que resultou do nosso pincel zeloso?

O enredo é o encontro familiar. O cenário foi realizado com gosto e dentro do possível. Aí chega a participação final: um elenco que não foi perfeitamente informado dos tópicos narrativos da obra e não se sente comprometido com o cenário.

Você marcou o almoço para as 13h e alguns chegaram às 15h30? Você disse que estava tudo pronto e seu parente trouxe um vaso de crisântemos amarelos, aquela curiosa flor que engolfa tudo em cheiro de necrotério? O encontro era formal e alguém apareceu de bermuda e chinelo? Um se colocou a beber imediatamente e foi ficando inconveniente? Em resumo: o elenco não foi treinado para seu enredo e não está muito atento ao cenário.

Todo jardineiro espera muito das suas rosas, todavia nunca leva em conta que a rosa se acostumou a ser cuidada e nunca viveu outra situação. É da natureza e da biografia da planta mimada esperar adubo, água, defesa contra ervas daninhas, além de companhias agradáveis no canteiro família-coração. Como supor algo distinto? Também há plantas espinhentas como os cactos que nunca poderão estar ao lado de flores que exigem muita água. Não é culpa da flor ou do espinho, apenas da junção aleatória e infeliz de duas espécies distintas quanto à demanda hídrica. Há parentes que não podem existir no mesmo espaço-tempo.

Bom roteiro, cenário possível dentro da verba e, por fim, elenco disperso e pouco focado. Por que não ficam um pouco mais? Por que partem como que perseguidos por uma horda assim que o último pedaço de doce se dissolve nas bocas? Por que não se cria um clima de alegre conversa após a refeição? Qual a explicação para a fuga como se fossem um bando de suricatos na presença de predadores selvagens? Obviamente pelo mesmo motivo que os alunos entram em uma escola com lentidão e dela escapam com velocidade inacreditável: o espaço incomoda.

Talvez seja uma percepção dolorosa: o enredo do especial de fim de ano (episódio "almoço em família") era um projeto seu. Houve o esquecimento de combinar com o time adversário. Talvez adversário seja palavra forte, digamos apenas que o entusiasmo do diretor não contagiou o elenco. Poucos queriam. Sua dor é narcísica: você (e eu) demos muito afeto, tempo e dinheiro para o que deveria ter ocorrido. O público compareceu com aplausos escassos.

O que fazer? Nunca sei. O primeiro passo é um exercício de humildade: meu projeto não é o de todos. Meu enredo tem ibope baixo para plateias mais amplas. Consideraram meu argumento, família feliz, algo ultrapassado. Você com imaginário de *Pollyanna moça* e o Ibope pendendo para dramas de compartilhar o mesmo sobrenome? Foi Freud ou Nelson Rodrigues quem detonou o idílio do seu desejo?

Você tentou muito e só recebeu indiferença ou até irritação? Hora de reler Augusto dos Anjos: "O beijo, amigo, é a véspera do escarro,/ a mão que afaga é a mesma que apedreja". Se o homem que tinha sobrenome "dos Anjos" pensava assim, o que você, sem o traço celeste no DNA, poderia viver?

Um psicanalista talvez perguntasse se você prepara tudo com tanto esmero por prazer ou por vontade de controlar. Afinal, se só você quer de tal jeito, seria um gesto de abnegado amor familiar ou de cultivo de maciço egoísmo? Não existe muita escapatória. Para ser feliz, imagine uma possibilidade: faça algo se quiser e siga o conselho de todos os grandes filósofos estoicos e líderes religiosos. Que segredo é esse para evitar o rancor? Fazer para você e porque você gosta, apenas. Sem sentido, dimensão ou propósito maior do que o seu desejo. Por fim, um exercício curioso: se você deixasse de ser jardineiro ou jardineira, as flores se quedariam desamparadas ou, enfim, o jardim assumiria a forma que sempre almejou e mais natural, sem sua topiaria meticulosa? Seriam as flores ingratas ou o jardineiro autoritário? Bom e esperançoso projeto paisagístico para todos nós, jardineiros e flores.

Quinze meses e onze contos de réis

Amor tem preço ou duração? Machado de Assis, quando escreveu o genial *Memórias póstumas de Brás Cubas*, imaginou um narrador que, já morto, conta sua passagem pelo planeta. Por ser defunto, contava sem preocupações mundanas, sem a mesma noção de moral daqueles que ainda estão vivos. Inevitavelmente mais ácido do que a maioria de nós, sarcástico e profundamente irônico, Brás fala de sua infância de elite no Rio de Janeiro, quando montava um negro, Prudêncio, apenas porque o via como um brinquedo. Rapazote, teve um romance com uma cortesã, Marcela. Machado não nos revela muitos detalhes da moça nem a caracteriza como uma embusteira elaborada. Porém, quando o pai do protagonista descobre o caso entre os dois, encerra-o com ameaças de mandá-lo a Coimbra, para que ele se fizesse um homem de verdade. Nesse momento, no fim do enlace, vem a frase sobre a qual quero pensar hoje com você, querida leitora, estimado leitor: "Marcela amou-me durante quinze meses e onze contos de réis; nada menos". Ou seja, nem menos amor, nem menos tempo, nem menos dinheiro (que não foi pouco: um conto de réis à época do romance – década de 1880 – comprava quase um quilo de ouro).

Tal como Machado, não me interessa julgar o amor de Brás Cubas e Marcela para além da ironia com que foi escrito. Seria fácil cairmos em lugares-comuns, na ideia da abnegação do amor verdadeiro, em como poderíamos jogar a primeira pedra na Maria Madalena em questão. Fácil e equivocado. Meu ponto é: qual o custo do amor? Ou, ainda, por que amamos? Há um tabu contido na citação de Machado: pagar por amor é algo errado, distorcido. No século XVII, Sóror Juana Inés de la Cruz, em "Homens tolos", já percebia a ironia desse raciocínio moralista e escrevia sobre o universo masculino, aquele de onde partia o falso moralismo: "Às amantes que mantêm/ lhes dão asas sem domá-las,/ e após mal acostumá-las/ querem encontrá-las bem [...]./ Qual é mais de se culpar,/ ainda que ambos seu mal tragam:/ a que peca porque pagam/ ou o que paga por pecar?".

Existe amor gratuito? Vamos a outro exemplo religioso. Na oração atribuída a São Francisco, o narrador nos fala: "é dando que se recebe [...] e é morrendo que se vive para a vida eterna". Não seria esse o maior negócio de todos? O santo prega que eu seja um evérgeta (o doador público romano que esperava reconhecimento social e político) sem a menor sutileza: doo, me doo, me condoo justamente porque sei que, ao beneficiar o próximo e a comunidade, beneficio a mim mesmo. Minha recompensa: a Salvação! O maior de todos os recebimentos em uma lógica cristã. Logo, qual é a minha diferença para Marcela? A felicidade para sempre supera a de quinze meses?

Nossas formas de amor seriam todas com venalidade? Os gregos falavam de amor com diversos sentidos. Um como desejo; amamos aquilo/aquela pessoa que desejamos. Amor como fixação. Como na música de Vanessa da Mata, "Bolsa de grife", compramos algo para nos livrar de algum mal, daquilo que nos aflige, para preencher o buraco na alma. Ao fim, temos a bolsa, a angústia e as prestações para pagar. Mas, até ter o objeto de desejo, desejei muito. Esse amor-desejo é um amor egoísta: gosto do que desejo, desejo o que gosto (e não tenho). Uma segunda forma, o amor-amizade, é aparentemente mais altruísta, pois amo outra pessoa pelo que ela é. O alvo de meu afeto é uma pessoa especial, alguém com quem tudo partilho e pode partilhar tudo comigo. Um amor entre iguais. Pensamos de forma similar, temos interesses próximos. Amo meu espelho. Se amo o que é igual, o alvo é meu espelho. Toleram-se imperfeições no espelho, desde que ele me reflita. O amor-amizade é amor com interesse próprio.

No mundo helenístico romanizado da antiga Palestina judaica, o Nazareno falou de um amor ao próximo. Amor-doação oposto a amor-*leasing*. Ame o próximo seja ele quem for. Ame o diferente, o fariseu, o inimigo, pois somos todos iguais na Criação. Amor mais complexo, porém, para que fosse compreendido e praticado, veio com um adendo: ame o próximo como a si mesmo. Sem amar a si como medida primeira, como amar o próximo? Além disso, devo amar Deus acima de tudo e todos. Assim, ganho eu, sozinho, a chance da Salvação. Seria o amor cristão um amor com toma lá, dá cá?

De Shakespeare a Goethe, fomos transformando o amor em um objeto cortesão, idealizado, feito para ser vivido intensamente por Romeus, Julietas, Madames Butterflies e Werthers. Cada dificuldade aumenta o desejo dos amantes, eles vivem em desequilíbrio, só parecem respirar quando estão com seus objetos de veneração, vivem tudo com intensidade desmedida. Em uma semana ou durante um largo tempo, o amor consome os amantes. Na impossibilidade do outro, o suicídio. Ou tenho tudo o que quero ou nada quero. O amor é meu e, se o benefício dele não for como eu imagino, suprimo minha própria vida. Um pouco de Freud não faria mal a esses jovens narcísicos e autocentrados (que habitam muitos de nós).

O cinismo desencantado do fim do século XIX e de boa parte do XX pôs em xeque esse amor-cortês-romântico. O amor líquido atual partilha da velocidade, do narciso robusto, do excesso de necessidade de recompensar a mim mesmo. Mas termina com um clique ou uma bloqueada na rede social. Matamos o outro no amor-líquido. Não me serve, elimino. Sai o suicídio e entra o bloquear.

Alguém ainda podia sugerir: mas tem o amor materno! Esse seria inteiramente gratuito. Ainda assim, uma das frases mais ouvidas dos pais, quando os desapontamos, é: "Não sei como você pôde fazer isso comigo". É algo para pensar.

Pode o amor ser gratuito? O que seria gratuito no amor? Onze contos por quinze meses seriam mais barato? Você ama de graça? Amem sempre com esperança.

Balada do louco

É o mais sólido e tradicional clichê que somos todos, em algum grau, loucos. Como a maioria é algo estranha, ser louco conteria certo charme. O glamour da insanidade aparece na belíssima "Balada do louco": "Mais louco é quem me diz, e não é feliz...", de Arnaldo Baptista e Rita Lee (1990, PolyGram/Philips), que ganhou registros com Os Mutantes, Ney Matogrosso, com a própria Rita Lee e também Cida Moreira. A normalidade é tediosa, opressiva e até pecaminosa, algo que ecoa Erasmo de Roterdá (*Elogio da loucura*) ou apóstolo Paulo (I Coríntios 4,10).

O sonho da contracultura articula-se com a postura de considerar que a vida enquadrada é "careta", antiga, ultrapassada, e você, cumprindo todo o trajeto da "normalidade", acaba apenas servindo de massa de manobra. A sinceridade dos loucos e *outsiders* sempre foi admirada como emanação de algum acesso a um conhecimento superior. Não seja mais um tijolo no muro, não marche para a mesmice: é o tema recomendado do clássico "The Wall", de Pink Floyd.

Um jovem que não tenha sido seduzido em algum momento pela ideia da insanidade contestadora de um Hamlet ao apontar coisas podres no reino da Dinamarca, provavelmente, não é um jovem de verdade. Hoje, quase uma denúncia de idade, lembro-me de um livro clássico da minha juventude: *O louco*, de Khalil Gibran.

Narrei a loucura poética. Ela é irmã da contestação, da rebeldia criativa, da insubordinação contra poderes. O louco manso e criativo ri, diz aquilo que está engasgado na garganta dos comuns racionais e infelizes. A poesia-hino do levante contra o tradicional é o famoso "Cântico negro", de José Régio. Sim, a plateia ralou no emprego para obter a soma do ingresso, seguiu ordenadamente até o lugar numerado, chegou no horário previsto, arrumou-se para isso e seguiu organizada e racional. De repente, o genial artista recita o cântico e todos apoiam e gritam. Era o momento permitido de rebeldia. Depois, em ordem e pagando estacionamentos extorsivos, todos voltamos para nossas casas. Para ser muito louco, hoje, precisamos de renda sólida, diferentemente dos filósofos cínicos como Diógenes, que podiam ser pobres e perturbados.

Tenho temido o crescimento do outro tipo de loucura, aquela amparada na classificação psiquiátrica. Acompanho, com horror, cenas como o perigoso empurrão de uma senhora sobre o Padre Marcelo ou o casal de mulheres que tortura e mata um menino: é uma lista infindável de pessoas que não apresentam a loucura risível, todavia a perigosa e assassina. O mesmo Erasmo de Roterdã fazia questão de separar uma loucura espirituosa da fúria, proveniente dos infernos. Crescem as ações perpetradas por pessoas diagnosticadas em alguma página do catálogo médico. Por questões jurídicas, mesmo tendo realizado crimes hediondos ou executado atentados terríveis, por vezes os médicos concluem que são inimputáveis.

Por definição, um grau de perturbação mental elevado pode justificar a inimputabilidade, pois a vítima deixa de ter consciência do que faz. Nós que, com sorte, só temos graus leves de insanidade somos perfeitamente passivos de todo o peso da lei, o que não deixa de causar uma injusta indignação em muitos. Em vários sistemas jurídicos do passado, não existiam atenuantes como transtornos psíquicos.

Na Idade Média, uma criança poderia ser perfeitamente julgada, torturada e condenada, pois ainda inexistia o conceito de inimputabilidade ou mesmo o conceito de criança. Em tradições como a inglesa, os juízes podem decidir que uma criança de 10 anos, tendo realizado um crime grave, pode ser julgada e até condenada.

O medo social existe sempre. E se um louco me atacar? O que eu posso fazer? Retomando o caso conhecido do Padre Marcelo: como evitar o medo de que atos violentos se repitam? Em um ambiente em que tantas pessoas manifestam seus ódios de forma tão polarizada e evidente, em que o rancor aflora de todos os lados em redes sociais, como garantir que os leitores de discursos explosivos sejam pessoas sensatas que saibam que há algo profundamente retórico naquilo tudo?

A loucura dos grandes deve ser vigiada, reflete o rei Cláudio ao pensar nas estranhas ações do jovem Hamlet. E a loucura cotidiana dos pequenos? E o delírio diluído em milhares de pessoas que abastecem seu desvario nas redes? E os seres "normais", tranquilos, trabalhadores e pontuais que, dirigindo um automóvel privado, moto, táxi, ônibus ou patinete, agem como se fossem Átila e pisoteiam/rodam um solo sobre o qual nem a grama nem a civilização crescerá de novo? Que outros continentes de loucura no oceano da razão descobriremos como *O alienista* criado por Machado de Assis?

Que tempos felizes eram aqueles nos quais os romanos identificavam em Calígula, Nero ou Heliogábalo a insanidade clara e passível de eliminação! Que época abençoada: havia um louco e ele morria e pronto, o mundo melhorava... outra era. O rei George III da Inglaterra e Dona Maria I de

Portugal foram atacados de insanidade e tiveram o mesmo médico, por sinal. A loucura do governante britânico não impediu a decolagem do poder inglês no século XIX. A demência da avó de Dom Pedro I não deteve o declínio português.

Parafraseando o coveiro de Hamlet, enviaram Dona Maria I, louca, para o Brasil. Aqui se curaria e, se tal não ocorresse, poucos notariam a diferença. Dona Maria gritava dos janelões do convento do Carmo no Rio de Janeiro. Ninguém a ouvia. Os gritos dos loucos, no Brasil, raramente superam os da "gente de bem". É preciso ter esperança e, talvez, alguma sanidade. Enquanto for possível.

Meu legado

Giovanni Battista Pergolesi nasceu em 1710. Vinte e seis anos depois, menos da metade da minha idade, faleceu, em 1736. Na sua vida curta, compôs uma famosa ópera cômica que consta entre as pioneiras do gênero, "La serva padrona", quando tinha escassos 23 anos. Um pouco antes de morrer, fez uma música chamada "Stabat Mater", que lembra a figura de Maria aos pés da cruz. "Estava a mãe dolorosa junto à cruz, lacrimosa", geme a peça. É uma das músicas mais bonitas que conheço. Com pouca idade, Pergolesi deixou partituras insubstituíveis. Tivesse feito apenas "Stabat Mater", toda sua vida teria valido a pena.

Querem mais exemplos? O baiano Castro Alves nasceu em 1847. Morreu aos 24 anos, em Salvador. Estudando em São Paulo (e reclamando do frio da capital bandeirante), fez, com apenas 22 anos, o poema "O navio negreiro". O poeta escreveu assim: "Fatalidade atroz que a mente esmaga!/ Extingue nesta hora o brigue imundo/ O trilho que Colombo abriu nas vagas,/ Como um íris no pélago profundo!/ Mas é infâmia demais!... Da etérea plaga/ Levantai-vos, heróis do Novo Mundo!/ Andrada! arranca esse pendão dos ares!/ Colombo! fecha a porta dos teus mares!". Ser o autor de tais versos já justificaria uma existência. Fazê-los no verdor dos vinte e poucos anos é tarefa épica.

Castro Alves morreu cedo. Outro jovem, Michelangelo, tinha entre 23 e 24 anos quando fez a *Pietá*. Ao entrar na Basílica de São Pedro, todos ficamos impactados com a força daquela peça extraída do mármore. Aumentaria nossa admiração considerar a idade do autor?

Brilho na juventude é uma tendência? Anna Lins dos Guimarães Peixoto Bretas era uma respeitada doceira de Goiás. Havia nascido com a República, em 1889. Em 1965, quando a Editora José Olympio trouxe seus versos, a artesã das compotas contava 76 anos. Ela, que fazia versos desde a adolescência, tornou-se autora de livro publicado já septuagenária. Com mais de 80 anos, ficou conhecida fora de Goiás. Morreu aos 95, consagrada com seu pseudônimo, Cora Coralina. Ela escreveu por mais de sessenta anos para, "de repente", surgir como poeta.

O norte-americano Ezekiel Emanuel é defensor de uma tese pouco comum. Ele se considera feliz como marido e pai e realizado na função de médico; não obstante, entende que devemos morrer aos 75 anos. Viver é bom, pensa ele, mas viver demais pode ser um erro. Ele chega a quantificar com estudos que daremos nossa contribuição inicial ao mundo a partir dos 15 anos, chegando à máxima após os 40. A partir dos 60 anos, a linha da "contribuição" decai muito. Ele insiste ser muito saudável morrer aos 75 anos. Questão curiosa: o doutor nasceu em 1957. Falta pouco para a idade-limite que ele defende no artigo. Como ele procederá? Manterá a disposição? Um médico amigo, oncologista, segredou-me que tem contato diário com gente que, como eu, diz não temer a morte e que, na hora de encarar a indesejada de frente, se apavora e se entrega ao desejo de viver como uma craca agarrada ao casco de um navio desgovernado. Geralmente, não temermos a morte quando ela não é uma realidade. Somos estoicos com dores distantes ou alheias.

Assim, segue a caravana. Uns produzem coisas extraordinárias muito cedo, outros entram no registro da história mais tarde.

Ninguém parece bem preparado para o fim. Os gênios, ao menos, como Pergolesi ou Castro Alves, podem dizer que deixaram um sulco fundo no terreno da humanidade. Outros, como nós, terão algumas coisas em vida e, lentamente, serão esquecidos. Você já se deu conta de que, quando você morrer, o nome dos seus avós terá sido esquecido, já que filhos e netos raramente são entusiasmados por árvores genealógicas? E tudo isso sem uma "Stabat Mater" ou um "Navio negreiro". Isso tranquiliza ou fere? E se você, querida leitora e estimado leitor, tivesse uma obra notável para deixar, mudaria algo? Um luminoso futuro com muita esperança para quem se aproxima ou passou dos 75 anos.

O sonho da águia e a realidade da galinha

Um começo: a primeira aula foi espetacular. Havia um nervosismo estimulante no ambiente. Ele usou seu charme, conhecimento, humor e gestos. O público era novo e estava ansioso. Os alunos esboçaram sorrisos, eventuais gargalhadas, expressões de contentamento, admiração e murmúrios de genuína satisfação. Era evidente que o jogo sutil de sedução e encantamento tinha funcionado. Era a reunião da técnica com a experiência. A aula de duas horas sintetizou uma vida dedicada ao saber e ao exercício retórico do magistério. Houve até insinuações de palmas ao término. Cheio de si, o mestre se retirou ansioso por narrar o êxito em casa. Sentia-se inundado de estima por si e pelas escolhas que fizera ao longo da vida. Descobria o cruzamento do lúdico com o profissional e sua vida era o sucesso de vocação bem desenvolvida.

Outro começo: ela adiara o primeiro contato físico efetivo. Sempre aquele medo de parecer fácil, que, como em uma partida de tênis, ora era sacado por seu pensamento crítico, ora reaparecia, rebatido pelo peso de séculos contidos no olhar da mãe como memória. Chegara a hora. Ambos estavam preparados e ansiosos. Ela o convidou para o apartamento e preparou o cenário. Ele chegou um pouco adiantado, também ansioso. Estavam saindo há quase um mês, e era o momento perfeito. Banhos minuciosos e dentes escovados à exaustão. Olhares com certo pudor ao perceber no espelho da face alheia o seu próprio desejo refletido. Uma garrafa adequada na mão dele: nem caríssima, que parecesse pretensioso, nem excessivamente casual. A espera tinha valido a pena, e o vinho facilitou os trâmites corporais. Foi, para ambos, uma noite muito boa. Eles baixaram as guardas e as roupas com naturalidade. Sem combinação prévia ensaiada, os corpos se descobriram com liberdade e prazer. Era uma noite perfeita e feliz e parecia ser o prelúdio de muitas similares. Ela foi à sacada vê-lo sair andando pela calçada e, intuitivamente, ele se voltou para o quinto andar e a viu, sorrindo. Era uma Julieta no balcão sem a tragédia do sobrenome. Amanhecia a felicidade para o casal.

Último começo: houve anos de economia e dezenas de indagações. Todos os recursos e conhecimentos tinham sido dirigidos para o novo restaurante. Era a paixão dela e seu antigo talento. Como os heróis épicos, havia queimado os navios: não haveria novos recursos e por isso tinha que dar certo. Seu talento para combinar gastronomia e administração era conhecido. Em um mundo movediço, ela parecia dotada de vontade e certeza férreas. Os pratos, a carta de vinhos, a decoração, as contratações, o marketing: raras vezes um negócio fora tão estudado como um plano de batalha minucioso. A noite inaugural fora de rara felicidade. Os críticos mais exigentes tinham se rendido. As redes sociais entraram em polvorosa. Era evidente: *a star is born*!

Três narrativas mostram o sucesso dos bons começos e o espoucar de fogos de viradas. Narrei alvoreceres impregnados de esperança, auroras de sorrisos. Talento e esforço, desejo e empenho podem garantir algo próximo disso para muitas e muitos. Existe o dia depois do primeiro. A primeira aula é seguida de uma segunda. A vigésima aula repetirá alguns recursos didáticos. Nem Beethoven faria uma "Nona sinfonia" por semana. O casal que se descobre está imerso no seu êxtase cheio de novidades. Será a centésima noite tão impactante? Surge a velha rotina amorosa. Inauguram-se dores de cabeça, despontam cansaços do trabalho. A repetição é demolidora da ansiedade e construtora do tédio.

A glória de Romeu e de Julieta foi terem vivido tudo em menos de uma semana. Os pratos da inauguração agradaram muito. Clientes satisfeitos voltaram na semana seguinte e mais uma vez. Experimentaram maravilhados a técnica e o talento da jovem. O sucesso trouxe famílias repetidas vezes, e os carros-chefe do cardápio foram experimentados por todos. Era necessário renovar. Após o começo, foi preciso substituir funcionários. Fornecedores tinham certas irregularidades. O cotidiano era formado de ondas que se chocavam com as rochas da vontade.

Talvez seja o desafio das boas comédias românticas. Elas terminam onde as pessoas reais começam. Do fundo da sala, no recanto dos colchões dos amantes e da última mesa do restaurante, vem um cansaço, uma pequena crítica, uma diminuição da paciência, a melancolia cotidiana. Surge a demanda pela santa resiliência, a virtude da continuidade. O começo parece aquele corredor amador da São Silvestre que dispara acenando para as câmeras, sorrindo, paramentado e cheio de uma energia que, cinco quarteirões depois, está se arrastando pelo asfalto. Mesmo cheio de espalhafato, o voo das galinhas é curto, raso e se esgota em um pífio bater de asas.

Resiliência é tudo, e a realidade não é composta de endorfina em doses cavalares. A vida real não termina após o êxito inicial dos protagonistas. O voo aquilino é altivo, porém a distância do solo pode iludir. Águia e galinha entram em diálogo perigoso entre ambição e realidade dos dias. A águia sonha alto, a galinha precisa lidar com a realidade desgastante. Quem descobriu a chave da resiliência encontrou o segredo de prolongar as estreias além do capítulo um. Sempre foi minha maior esperança: o fluxo contínuo de criatividade.

A cizânia

História curta e real: há muitos anos, eu e um grande amigo dávamos aula em um curso privado. Ele entregou aos alunos um texto complexo e, como costuma acontecer, incendiou-se a rebelião. Protestos, reclamações, balbúrdias e xingamentos ecoaram na sala. Na semana seguinte, uma aluna que não estivera na aula da crise aproximou-se e perguntou qual era a leitura. Meu amigo José Alves comentou: "Ah, o texto da cizânia...". A aluna logo emendou: "Não, professor, a autora tinha outro nome, não era Cizânia".

Talvez o bizarro do episódio não seja o desconhecimento de um vocábulo, algo natural em qualquer pessoa, especialmente em formação. Todos, absolutamente todos, possuímos lacunas de formação. A questão foi levantada pela minha amiga Valderez em uma conversa: na juventude, quando surgia uma palavra fora da nossa compreensão, tínhamos um misto de vergonha (pela nossa ignorância) e curiosidade em buscá-la no dicionário. Tínhamos consciência de que o problema estava conosco. Algo mudou. A novidade do mundo atual é que, sempre que um autor expuser ideias de forma que eu não capte imediatamente ou utilizar palavras fora do meu conhecimento, é o autor o responsável e culpado, jamais eu, o leitor. Não existe mais o reconhecimento da minha incapacidade ou, pelo menos, a suspeita de que eu seja o elo frágil da cadeia do saber.

Euclides da Cunha utiliza muitas palavras científicas ao descrever o meio nordestino na primeira parte de *Os sertões*? Só pode ser falta de clareza. Shakespeare apresenta muitas personagens em *Ricardo III*? Debilidade de foco narrativo, por certo. A oração do Padre Vieira é longa? Ele deveria ter dificuldade com formas sintéticas e claras de expressão. Nada acontece de prático em *A paixão segundo G.H.*, de Clarice Lispector? Deve ser a imaginação tíbia da ucraniana/brasileira. José de Alencar é "enrolado"; Saramago não domina o conceito de parágrafo; Carlos Drummond de Andrade é "banal" e Plínio Marcos, um "autor vulgar"? Suponho que eles nunca fizeram um curso de escrita criativa... Li termos desconhecidos como "ebúrneo", "hebetismo" ou "esputar"? O autor só pode ser preciosista e barroco demais. Eu sou o mítico leito de Procusto, que corta excessos e estica miudezas para que caibam na régua absoluta do meu território cerebral. O processo está piorando e vale para todos os campos: artes plásticas, literatura, moda e gastronomia. Educadores e escritores, temos culpa no cartório da cizânia. Uma parte do ônus é nem sempre apresentar os caminhos claros para que cada leitor desate nós de dificuldades. Minha tarefa seria sempre revelar a beleza de um autor menos óbvio e tentar mostrar a riqueza de um Éden guardado pela espada flamejante do arcanjo do léxico. A outra responsabilidade nossa é não ensinar que gosto é um direito subjetivo, e não uma medida universal. Exemplo: aprender que você pode não gostar dos quadros de Pollock ou do texto de Valter Hugo Mãe, mas que essas propostas são maiores do que você e sobreviverão ao pífio bocejo da sua escolha. O mesmo vale para todos os seus entusiasmos. Mesmo que você não tenha conseguido escalar *A montanha mágica* ou acompanhar a jornada de Bloom, Mann e Joyce, eles continuarão lá depois que sua lápide tiver virado pó e seu nome desaparecido do rol dos viventes lembrados.

Importante ressaltar: necessito dar perspectiva ao meu gosto, não ceder a cânones alheios. Isso não quer dizer que tudo seja bom ou que você, querida leitora e estimado leitor, tenha de aceitar qualquer coisa. Apenas e tão somente implica dizer: há coisas maiores do que meu gosto e espaços mais amplos do que os meus limites. Talvez até você tenha notado uma fala em um autor consagrado ainda não percebida e, quando seu atual brilho coruscante tiver esmaecido, sua opinião terá uma validade que hoje não parece possuir. Shakespeare já foi considerado um bom autor, um escritor medíocre, um dramaturgo vulgar e o supremo gênio do teatro inglês, dependendo da época e do crítico. Qual será a opinião final sobre o Bardo? Não sabemos e nunca saberemos. Apenas tenho de intuir que existe a remota hipótese de o meu gosto não coincidir com o tribunal da eternidade. Como eu já disse em sala de aula diante de um clássico que eu precisava expor: "Hoje, eu os convido, alunos, a reconhecerem que vocês não são Deus". Era uma frase divertida há trinta anos diante de um trecho de *A Divina comédia*, de Dante. Hoje, é um método.

"Eu não entendi" fala de mim, não do texto. Talvez, eu necessite de mais de uma leitura ou de mais esforços de decifração. Quiçá seja o caso de reconhecer que há autores que implicam mais formação e eu esteja "verde" para aquela empreitada. Pode ser, inclusive, que se trate de texto sem sentido mesmo, mas a humildade ajuda a não usar apenas a hipótese final e virar a raposa que contempla uvas inatingíveis com desdém. Trata-se, enfim, de pensar a cizânia como uma simples ilusão produzida pela minha ignorância.

A expressão já consagrada por leitores jovens em inglês: "muito comprido" e "não li" [*too long* e *didn't read* – TL e DR] nunca deveria ser dita com orgulho. "Muito comprido" explica uma parte da questão e pode não ser a extensão excessiva, apenas, provavelmente, o caráter raso da minha paciência ou capacidade. Quando o côncavo não se encaixa bem no convexo, pode ser responsabilidade de um ou de outro. Claro: extensão não é sinônimo de qualidade. Maryanne Wolf lembra que um dos mais impactantes contos de Ernest Hemingway tem seis palavras: "For sale: baby shoes, never worn" [Vendem-se: sapatos de bebê, nunca usados]. O impacto emocional do texto é imenso. A inteligência pode vir em dedais exíguos ou em imensos tonéis. A ignorância também. Aqueça-se com o cobertor da esperança.

Quando jogar a toalha?

Pirro venceu os romanos a um custo muito alto: perdeu quase todos os seus homens e muito dinheiro. A tradição registra que ele teria comentado: "Mais uma vitória como esta e eu voltaria ao Épiro sozinho e arruinado". Uma "vitória de Pirro" tornou-se sinônimo de êxito tão custoso que beira uma derrota. Em algumas palestras motivacionais, seria mostrado como exemplo de sair da zona de conforto. Nossa concepção de sucesso atual pode estar no título do antigo filme do lutador Jean-Claude van Damme: *Retroceder nunca, render-se jamais* (*No Retreat, no Surrender*, dir. Corey Yuen, 1986). Parece a fórmula universal: o vencedor é o que nunca desiste.

Queria pensar de forma menos plana. Uma das questões mais claras da estratégia é saber o momento da rendição. As vitórias importantes costumam ser custosas. Todo professor, pai, orientador, *coach*, tutor que tem sob seu cuidado alguém mais jovem ou menos experiente, por natureza, deve estimular a pessoa ao esforço máximo. Nenhum orientador pode ser pessimista, azedo, fatalista ou afirmar que é melhor não tentar. Tentar e dar o máximo de si é o caminho mais claro para conseguir algo. Porém, quando seria sábio retroceder, recolher as tropas, negociar com o inimigo ou agitar a bandeira branca? Essa é uma questão complexa.

O celebrado texto de Maquiavel indica que um caminho é pensar sempre em todas as possibilidades, mesmo que não seja tempo de guerra. "Um príncipe sábio deve observar essas coisas e nunca ficar ocioso nos tempos de paz; deve, sim, inteligentemente, ir formando cabedal para que se possa valer

nas adversidades, para estar sempre preparado a resistir-lhes."
(*O príncipe*, trad. Lívio Xavier, Nova Fronteira, cap. 14, 2019).
Sun Tzu, no texto de *A arte da guerra*, indica que sejamos fluidos como a água, evitando repetir estratégias. Devemos, diz o oriental, evitar o entusiasmo excessivo em enfrentar a morte e o cuidado exorbitante em conservar a vida – dois dos cinco defeitos que ele identifica no capítulo 8 (L&PM, 2006).

E se a vitória for uma questão de insistência? O mundo parece sempre insistir na obstinação como fonte do sucesso. Mais desafiador: e se a vitória for saber desistir de algo que se manifestou impossível, "uma bananeira que já deu cacho", "embalar uma criança morta", "dar murro em ponta de faca"? Como saber qual o momento sábio de retirar seu time de campo? Qual o casamento que merece uma reestruturação e qual é caso de pedido de divórcio? Qual o negócio que precisa de mais capital, de uma redefinição estratégica, de mais energia gerencial ou qual deve ser repassado ou encerrado o mais cedo possível?

Não existe segurança absoluta. A reflexão é a mesma de Pirro do Épiro. Se o investimento for mais do orgulho ou da estratégia, parece prudente desistir. Orgulho pesa pouco na balança do real. Lista de prós e contras e custo do fracasso são um jeito racional de enfrentar o "ser ou não ser" de todas as escolhas. Aconselhamento com pessoas um pouco mais imparciais traz uma luz de objetividade. Não vale a mãe nem um inimigo. Por fim, o campo pantanoso da intuição.

O que significa seguir a intuição? A razão oferece diversas peças do quebra-cabeça. Com observações diretas e demonstráveis, você traz muita luz para o quadro. Sempre ficam peças faltantes. Estas não saem do nada, no entanto dialogam com as peças racionais visíveis e completam-se com seu desejo, experiência e esperança. A reunião dos três últimos é denominada intuição. A intuição não é um dom, algo que alguns têm, fruto de algum sonho profético ou carga genética. Intuição é a capacidade imaginativa de preencher espaços em branco a partir de dados racionais e empíricos. Quando alguém afirma: "Minha intuição está me dizendo que...", está dizendo que o total de indicações racionais levou a um caminho interno de opção. Intuição não é "voz interior", todavia imaginação a partir de dados empíricos e verificáveis.

Dito isso, chegamos ao ponto. Quando é bom desistir? Os dados objetivos, verificáveis, mostram algo nesse sentido. Você nunca terá todas as informações. Sempre faltam peças. Caso não estivessem faltando, a decisão não comportaria dúvida alguma. O erro sempre ronda qualquer decisão, não obstante o cuidado em dimensionar uma maior quantidade de dados variáveis ou informações. Desistir de um curso superior? Desistir de uma sociedade? Desistir de um casamento? Você terá de pensar de forma objetiva, intuitivamente e, por fim, levar em conta suas afinidades eletivas, afetivas, seu gosto, sua disposição. Após todas as considerações, arcar com o ônus da decisão. O máximo que pode acontecer é dar tudo errado e, na próxima resolução, você terá mais elementos para decidir.

Considerando a perspectiva da história, pense bem: os romanos derrotados por Pirro, o vitorioso rei de Épiro, tudo o que testemunhou aquele momento está sob a terra ou desapareceu. Sob o prisma do tempo, todas as decisões resultam no mesmo. Isso pode ajudar a ficar mais leve e fazer a melhor escolha. Tudo é importante em seu momento, tudo desaparecerá a seu tempo. Vá fundo e melhore bastante para que todos os erros sejam, ao menos, inéditos. Erros novos são legais; velhos erros repetidos são burrice. Não desistam da esperança!

A dor mais funda

Há dois sentimentos feios que envergonham o portador. Um é a inveja; o outro, o ressentimento. A inveja, já disse muitas vezes, é a tristeza pela alegria alheia. Não pode ser confundida com a simples cobiça. O invejoso não deseja o que o outro tem, apenas se contorce internamente ao ver que o prazer alheio é intenso. Não existe inveja positiva, ela é sempre um fracasso.

O ressentimento é parente próximo da inveja. Ambos parecem inconfessáveis. Em um patamar inicial, é a mágoa guardada e macerada em vinagres internos. O ressentido não supera a fala, o gesto ou a dor. Guarda-a com certo zelo. Buscando raízes em Nietzsche, Maria Rita Kehl (*Ressentimento*, Casa do Psicólogo) diz que pode existir um cultivo da dor ressentida que encontra no outro uma forma de dialogar com seu narciso abalado. Culpa-se o vencedor em algum campo, e eu, atingido de forma direta ou indireta, viro um derrotado-vítima. Não pode ser confundido, prossegue a autora, com qualquer mágoa ou raiva. Eu poderia imaginar, fugindo do rigor técnico, que tristeza é diferente de depressão. A tristeza tem causa e duração. A depressão é mais longa e nem sempre parte de um gatilho concreto. O ressentido é o depressivo. Porém, se a depressão é doença e dolorosa, o ressentido cultiva com certo prazer a injustiça que o coloca no patamar da vitimização.

Ressentidos são ambidestros. O de esquerda entende que todo seu sucesso material foi obtido à custa do seu próprio. Seu apartamento de 200 m² só pode existir porque oito famílias estão confinadas em moradias de 25 m². É uma leitura mercantilista de riqueza: o montante de tudo é fixo e, para um alguém ter muito, outros precisam ter menos. Existem injustiças sociais? Com certeza. Poderíamos trabalhar por uma sociedade que contivesse menos disparidades e que todos tivessem mais acesso ao essencial? Absolutamente válido. O ressentido de esquerda não faz sempre o caminho da equidade, faz o da dor que costura inveja com a ferida narcísica que tira seu sono. Incomoda mais que o outro tenha do que ele não tenha. Suspeita que pode ser sua incompetência e deseja substituir o controle de um grupo explorador pelo seu. Com frequência, o ânimo revolucionário de esquerda gera tiranos despóticos porque estava embasado na dor do poder e da riqueza alheios. Stálin teve mais poder e matou mais gente do que o czar que ele odiava. Sempre reafirmando: justiça social não pode ser calcada em ressentimento.

Falei que ressentimento tinha dois vetores. O de direita é muito comum. Acusa a esquerda de dominar a cultura sem nunca ter tentado, vagamente, utilizar o caminho de livros, shows ou do teatro. Atribui ao financiamento público a existência de bolhas culturais esquerdizantes e jamais elabora uma cultura forte e alternativa aos discursos que imagina dominantes. Apesar das evidências fortes, óbvias e abundantes da corrupção entre empresários e políticos conservadores, identifica apenas no outro, na alteridade da esquerda, todo o mal. Separa-se habitualmente da esposa por mulheres cada vez mais novas e berra pelos valores familiares que estariam em perigo graças ao comunismo. Na base histórica, o ressentido conservador é o velho fariseu do Evangelho: aparência de virtude e uma vontade imensa de controlar o outro pela teatralidade da sua benevolência positiva.

Volto a dizer: existe uma boa luta pela justiça social, e ser conservador é uma posição política e pessoal válida. Esquerda e direita não são ilegais nem contrárias à ética. A democracia ganha com a diversidade. Estou falando do ressentimento universal. Um dos dois parágrafos anteriores fez você se irritar? Temos um bom ponto de partida para o tema do meu texto. O que me perturba me revela.

Houve um aumento do ressentimento? Aparentemente sim. Redes sociais talvez tenham trazido uma propaganda de sucesso e felicidade que envenenam o ressentido. Maria Rita Kehl fala de um "apego ao dano" e eu imagino que ele possa ser reforçado navegando pela vida fabulosa dos outros. Também existe a crença nova de que a felicidade absoluta é o destino de todos nós e um direito adquirido pelo simples fato de eu existir. O fato de existir gente mais bonita, mais inteligente, mais focada, mais eficaz, com famílias melhores, carros mais luxuosos provoca o ressentido. Tudo foi tirado dele. A argila da inveja se compacta com o ácido do ressentimento e a casa da dor vai sendo erigida a cada novo clique. É, como foi dito, uma morada dolorida, todavia confortável. Exclui minha responsabilidade e invoca a clássica má-fé sartreana: não fui eu, foi o outro, a culpa é alheia, eu fui forçado, o outro é livre.

O ressentimento é universal e algo muito importante para ser analisado. Tem uma estética e uma tradição literária. Entre outros, Maria Rita Kehl se lembra da peça *Ricardo III* (Shakespeare) e de *São Bernardo* (Graciliano Ramos). Na primeira, um ressentido consciente age para se vingar do mundo. Na segunda, é a mulher alvo do ressentimento, Madalena, que toma a iniciativa de uma vingança. Apesar de forte na literatura, a política é o campo por excelência do ressentimento. Bons candidatos sempre souberam explorar o ressentimento do eleitor. O paternalismo político, marca da nossa história de cinco séculos, é a chave disso. "O ressentimento é o terreno dos afetos reativos, da vingança imaginária e adiada, da memória que só serve à manutenção de uma queixa repetitiva e estéril", como encerra Maria Rita Kehl. A impotência crônica do ressentido é uma dor funda cáustica que ataca o fundamento democrático. É preciso ter esperança, muita, e lutar contra nossos ressentimentos.

Ele está no meio de nós

Sala de espera, aeroporto de Orlando: nossa família, exausta após todo o processo de deslocamento e procedimentos de segurança, disputa as poucas poltronas disponíveis. Uns buscam água, outros conferem mensagens e todos concordam que as férias apresentam ônus de cansaços.

De repente, como um raio de eletricidade no céu azul, os mais novos identificam uma revelação bombástica: "Shawn Mendes está na sala!". A frase chegou logo aos meus ouvidos. Ignorante incorrigível, pergunto: "Quem é?". Pior, estando distraído quando a notícia surgiu, confundi o som e soltei: "Shaolin?". "Não!" Olham para mim entre piedade e irritação: "S-H-A-W-N M-E-N-D-E-S". Agora sei o nome correto da presença ilustre, ainda que não faça a mais vaga ideia de quem seja. Ator? Pelo Mendes parece ser alguém de ascendência lusitana. "Canadense!", corrigem-me com redobrada raiva! "Ele tem zilhões de seguidores! É um sucesso mundial!"

Instigado pela divisão juvenil Karnal, levanto-me e vejo um rapaz magro, alto, cercado por um segurança e um possível empresário em um canto da sala de espera. Ao redor, muitos tentam fotos, e o guardião parrudo ao lado dele libera apenas para algumas crianças. Simpático, ele recebe pessoas e troca escassas palavras. Uns tremem, outros exultam por terem dito seu nome ao que, agora sei, é um cantor muito famoso.

Uma senhora brasileira tentou e não conseguiu um autógrafo. Olha para mim, desolada, e me diz: "Não consegui com ele, você tira uma foto comigo?". Sorrio como um prêmio de consolação resignado. Sinto-me como o antigo Hotel

Glória do Rio, que, apesar das suas virtudes, hospedava aqueles que não conseguiam uma vaga no Copacabana Palace... Veio também à memória uma aluna famosa pelos deslizes sociais. Em um evento festivo, ela me apresentou a um conhecido. Para facilitar a conversa, afirmou que eu era famoso e ele não. Vendo a cara de desolação do jovem, ela consertou de forma magistral: "Mas... você é bonito". Conseguiu ofender o feio e o anônimo com duas curtas frases...

Minha secretária não se conforma. Pergunta de novo se eu não o conheço, e eu pergunto a ela, na defensiva, quem foi Hector Berlioz. Ela diz que não sabe, e eu faço aquela cara de "ema, ema, ema: cada um com seus pobrema...". Não suponha o zeloso leitor e a diligente leitora que é um manifesto do tipo: nada sei de cultura pop. Pelo contrário! Conheço e acompanho muita coisa, porém, em geral, quando escuto música, quase sempre procuro autores de um repertório que conheço.

Faço workshop pessoal como um exercício de compreensão. E se Elis Regina entrasse naquela sala, ressuscitada de alguma forma? Talvez eu tremesse e tentasse me aproximar ou, talvez, mais barroco teatral, beijaria os pés da voz mais cativante que já ouvi.

O que a fama apresenta? Talvez, ela dê um significado superior à existência medíocre que geralmente levamos. A prima Luísa (de Eça de Queirós) recebe um bilhete com elogios românticos do sedutor Basílio. A jovem se derrete em suspiros. As frases eu li no autor português, todavia a memória vem pela música "Amor I love you" (Marisa Monte e Carlinhos Brown, EMI, 1999), que Marisa Monte interpreta de forma brilhante (outra que eu tremeria ao encontrar), e Arnaldo Antunes declama sobre a infeliz portuguesa: "Sentia um acréscimo de estima por si mesma. E parecia-lhe que entrava enfim numa existência superiormente interessante, onde cada hora tinha o seu encanto diferente, cada passo conduzia a um êxtase e a alma se cobria de um luxo radioso de sensações!". Um dia ainda escreverei desse jeito...

Encontrar alguém famoso provoca o efeito "prima Luísa" em muita gente. Fornece assunto, conecta com um gosto, dispara seus *likes* nas redes, torna o momento único, comunga com algo maior e provoca uma espécie de comunhão com a celebridade. Nunca teremos certeza de que nossa vida vale a pena, de que somos dignos de algo ou de que deixaremos algum legado. A resposta a tais dúvidas vira um sim grande (e fátuo) ao lado da celebridade. Para continuar com meu exercício de compreensão do interesse pelo quase Shaolin, lembrei-me da emoção que senti ao ficar frente a frente com o Papa João Paulo II em Porto Alegre, em 1981. Eu era uma espécie de "prima Luísa mística" naquela ocasião. Soubesse então, como católico devoto, que ele seria declarado santo, eu teria levitado ou entrado em colapso completo!

A celebridade nos faz entrar na existência superior e retira, por alguns instantes, nossa consciência do charco modorrento dos fatos. Depois, sou livre para criar intimidade na narrativa: "Eu estava com meu amigo Mendes...". "Qual Mendes?", bradam os circunstantes. "O Shawn, claro", e então narro o encontro com relances dramáticos e certo ar *blasé*. No resto do tempo, só nós estamos no meio de nós e lá ficamos checando mensagens e lendo sobre gente famosa... O anonimato representa a dor que no passado deveria ser o medo da fome ou da guerra. E, por um instante, o cantor de regata branca com segurança ao lado parece interessado, e nos tornamos, subitamente, interessantes. Sendo anônimo ou celebridade, que todos tenhamos esperança.

Você ama?

Um jovem estudante de História aprende logo que a maneira como lemos o amor tem raízes concretas no passado. Amor não possui essência atemporal. As canções de menestréis medievais, especialmente na Provença francesa, os sonetos humanistas de Petrarca, a idealização de Beatriz por Dante em Florença e, acima de tudo, o Romantismo dos séculos XVIII e XIX foram vigas mestras para que se criasse uma gramática do amor como nós o entendemos. Os autores naturalizaram a idealização da pessoa amada, a ideia de completude que só existiria na presença dela ou dele. Mais: cria-se o desejo por uma infecção perturbadora que arrasa com a racionalidade.

A sociedade europeia inventou o vocabulário do amor. Funciona como desejo de grávida: em círculos humanos que nunca ouviram a hipótese de uma mulher ter vontades exóticas durante a gestação, o impulso simplesmente não ocorre. Em grupos em que a menina cresceu ouvindo que toda mulher pode demandar sardinhas fritas de madrugada e que isso é aceitável, a gula bizarra eclode como uma forma de poder temporário. O mesmo ocorre com a adolescência: centenas de sociedades a ignoram e onde não existe o conceito de adolescente-problema, onde domina um único ritual de passagem da etapa infantil para a vida adulta, desaparece a longa crise entre a infância e a maturidade.

Já imagino a contestação: tudo então seria apenas convenção social? Não foi esse o meu objetivo. Quero formular uma reflexão que não é unânime entre historiadores.

Existe o desejo sexual. Os hormônios descarregados no corpo de alguém após a infância são quimicamente detectáveis. Não se trata de um delírio, é um fato biológico. A partir disso, existem convenções sociais. Em uma sociedade na qual o código moral e religioso estabelece regras claras, o sentimento sexual será sentido como ruim, incômodo ou perverso. Da mesma forma, onde floresce o discurso do amor e da paixão como referência cultural, é comum perguntar-se aos jovens por quem ele/ela estão apaixonados. Entre amigos púberes, a paixão é esperada e incentivada. Os filmes e os livros mostram como o amor vence todos os obstáculos, como ele dá sentido à existência. Agora vem a pior de todas as criações culturais: existiria uma metade, uma alma gêmea, um ser perfeito que se adapta, convexamente, ao meu côncavo. Tal encaixe mágico ganha tons de destino: o formato das peças foi preparado há muito. Assim, o desejo sexual (que já passa por mediações culturais enormes) vai sendo associado a uma paixão específica. Muitas sociedades tratam o campo erótico de outra forma e entendem o casamento como um contrato jurídico e social no qual a ideia de paixão nem seria desejável. O que faria um matrimônio durar não seria o amor permanente, todavia a proximidade de formação ou de renda, a capacidade de gerar herdeiros que assegurarão o nome da família. O casamento não seria uma escolha de indivíduos, mas social. Os arranjos matrimoniais de muitos hindus ou religiosos tradicionais falam de uma espécie de sociedade harmônica, e a harmonia implica coisas muito racionais, evitando o fogo da paixão. Jovens apaixonados provocam o caos, como *Romeu e Julieta*, de Shakespeare, ou o casal de *Amor de perdição*, de Camilo Castelo

Branco. A lição das duas obras é uma advertência contra a insanidade da paixão e seu custo insuportável. Que ambas sejam lidas como casos de amor belíssimos demonstra que o *pathos* cantado pelos trovadores da Provença é vitorioso em grau máximo.

Desconfio muito do amor inflamado, do amor que não existe sem a outra parte, de pessoas casadas com uma essência sem elaborar a existência. Confio na relação amorosa que desafia, que aumenta minha consciência, que me estimula a conseguir mais do meu potencial e explorar mais o mundo. Gosto do amor-desafio que fala de um Nós que não suprime o Eu e o Tu, que cresça junto e instigue a ser cada vez mais e que, por força da convivência e das conversas mútuas, mostre meus pontos cegos. A convivência íntima do amor, o contato de corpos, o cotidiano que derruba cenografias e formalidades: tudo pode ser uma ferramenta extraordinária de conhecimento de si e do mundo.

Minha ideia de amor não é melhor ou pior do que qualquer outra. Amor é exercício e vontade de ultrapassar nossa infantilidade estrutural. Não há damas encantadas no lago, não há cavaleiros de armadura reluzente, nunca houve uma alma gêmea, jamais um amor redimiu alguém. Quem trabalha com a estética amorosa idealizada corre o risco de Dante: nunca conviveu com Beatriz, nunca se beijaram, jamais compartilharam nada além de um olhar idealizado junto ao rio Arno e, como consequência natural da fantasia amorosa, só puderam trocar frases no "Paraíso", quando Beatriz já não era um corpo. Aliás, tomando o fim do centésimo canto de *A divina comédia*, nem isso saberemos se foi um sonho ou real. Esse é o amor analgésico das dores do mundo. Que Dante tenha exaltado aquela com quem ele jamais esteve a sós e tenha evitado cantar a virtude e a beleza da esposa que o acompanhou a vida inteira é um dos muitos defeitos da idealização amorosa. As miragens são compreensíveis sob o calor do Saara e muito perniciosas mesmo lá. O amor real é uma disposição interna que vive na prática diária. O outro é fácil: basta ser o Romeu que encontra Julieta no domingo e morrem em menos de cinco dias. Amar por uma semana é onanismo a dois. Amar por anos é para quem está disposto a muito mais do que um ajuste corporal. E se Romeu e Julieta completassem bodas de prata? Teriam de ter paciência e esperança.

Criar

Todo manual profissional e todo curso de aperfeiçoamento têm como bordão a criatividade. O motivo é simples: as funções repetitivas e mecânicas estão, cada vez mais, a cargo de algoritmos e robôs. O trabalho físico tende a ser cada vez menos atrativo e mais mal pago. A pressão aumentou. Se alguém não tiver ideias, será obrigado a trabalhar para quem apresentá-las. O futuro demanda, mais do que nunca, gente criativa. Resta a dupla dúvida: o que é ser criativo e podemos aumentar a capacidade de inventar?

Vamos pegar um exemplo de gênio das novas ideias: William Shakespeare. Ninguém duvida do talento do escritor inglês. Curiosidade: das 37 peças que restaram, 36 tiveram seu enredo copiado; isso mesmo, transcrito de alguma outra fonte. A propósito, a única peça não extraída de outro autor pode ser *As alegres comadres de Windsor* e, talvez, apenas porque ainda não se encontrou quem a inventou antes do Bardo. Um dia surgirá um obscuro texto que permitirá afirmar: 100% da obra teatral do filho de Stratford tem origem em terceiros. Então, tomando o exemplo do autor inglês, criatividade não é a ideia extraordinária surgida do nada (*out of the blue*, como se diria na terra da Rainha), porém uma capacidade de recriar partes parcialmente concebidas por outra pessoa.

O documentário *Como o cérebro cria* (dir. Jennifer Beamish e Toby Trackman, 2019) trata da habilidade humana de dar respostas mais complexas do que aquelas dos animais. Nosso córtex pré-frontal permite maior distanciamento entre estímulo e resposta (*input* e *output*). Assim, diante de percepções variadas, somos reativos de formas muito distintas. Há um drama prático. Tendo em média só 1,5 kg, o cérebro humano demanda 20% de toda a energia do corpo. Como máquina eficaz, ele tende a repetir caminhos para poupar força. O documentário indica que, para sair da repetição e entrar na zona criativa, deve-se forçar essa "tendência" e buscar soluções e caminhos menos fáceis.

A criatividade não é, de fato, um dom natural que teria sido dado a alguns. Ela implica alguns fatos como atenção, estímulo, superação do medo de errar, informações variadas, práticas e aprendizado, especialmente com equívocos passados. Ela também não dispensa o caminho técnico·e o aprofundamento na área de algum saber.

Leonardo da Vinci tentou misturar antimônio em algumas tintas para obter mais brilho. Foi um desastre. Há mais exemplos. A inovação que o mestre fez na pintura *A última ceia*, em Milão, evitando a tradição usual do afresco, condenou a obra a um desgaste precoce. Os erros de Leonardo foram um ônus que suas experimentações despertaram. O resultado da sua coragem chama-se Leonardo da Vinci.

Algo bem além do comum e abaixo do inviável parece ser uma boa fórmula inicial. Ousadia sem insanidade, capacidade de quebrar barreiras pessoais, experimentação, busca de conhecimentos novos em áreas distintas e sólida formação: são ingredientes que podem ajudar na constituição de um caminho criativo.

A necessidade é a mãe da invenção. Precisamos de um problema para elaborar uma resposta nova. Domínio intelectual é a capacidade de um amplo repertório que eu identifico e reproduzo. Inovar é a faculdade de dar uma resposta além dos dados disponíveis na erudição. Repertório é a capacidade de identificar cada pedra (nome, origem geológica, fraturas e intrusões, propriedades). Ele representa o saber acumulado e organizado de milhares de pessoas antes de mim. Erudição é fundamental, porém não pode ser confundida com inteligência ou criatividade. Criatividade demanda, além do mais, reorganizar as pedras, dar sentido, repensar a possibilidade e, tendo conhecido muitas respostas anteriores sobre o uso das rochas, pensar em uma nova resposta a partir das soluções dadas. Nada é criado como absolutamente novo e pouco pode ser transformado sem saber o caminho feito até ali.

Um pequeno itinerário para estimular a sua criatividade, ou dos seus filhos/alunos, ou do seu ambiente de trabalho passaria por cinco conselhos gerais que podem ser ampliados ao infinito. 1 – Realizar atividades de uma forma distinta da usual, buscando novas soluções; 2 – desafiar-se com um conhecimento novo ou um setor do saber que até então era evitado (música? matemática? dança?); 3 – pensar as coisas tradicionais combinadas em novas funções; 4 – aceitar o erro como o maior professor possível; e 5 – conhecer a fundo alguns dados para pensar sua estrutura. Superficialidade é inimiga da criatividade.

Alguém poderá dizer: as ideias são boas, mas eu preciso de um roteiro mais pormenorizado com exemplos concretos para implementá-las. Bem, é provável que você ainda esteja carente de impulso criativo. Permita-se pensar, reagrupar o que sugeri, rejeitar alguns itens ou todos e, acima de tudo, aplicar princípios gerais à sua área específica. Bulas precisas com quantidades exatas de componentes para remédios previsíveis são coisas eficazes, jamais criativas.

Bons criadores combinam muito conhecimento sólido com ousadia e rebeldia. Apenas a recusa do mundo com birra autocentrada o torna um adolescente mal resolvido. Criatividade rejeita autoridade dogmática, porém jamais ignora o caminho que levou aquela questão até o ponto e o impasse em que ela se encontra.

Conhecer o "estado da arte" é saber muito sobre algo e, a partir disso, propor soluções distintas. Trata-se da clássica combinação de transpiração com inspiração. É preciso ter muita criatividade para o futuro e alguma esperança.

O deus errado

O deus alheio é falso, sabemos há séculos. Assim como meu país é o melhor do mundo unicamente porque eu nasci nele, minha fé é a correta, a única que segue as escrituras verdadeiras, a que salva etc. Todos conhecem a ladainha incessante que inverte uma premissa religiosa, não se trata mais de um "povo escolhido", todavia de um "deus escolhido pelo meu narciso". Ele é o eleito por mim porque é o mais adequado ao meu universo. Ele se adapta ao meu cercadinho e meu comportamento molda a forma do divino.

Se sou conservador, meu deus também o é e eu ainda digo que sou por causa dele. Se abomino sexo, meu deus diz o que eu penso de tal forma que criador vira criatura. Moldamos deus a nossa imagem e semelhança, por isso, neste texto, usei e usarei deus com letra minúscula o tempo todo, porque reconheço aqui a idolatria tradicional de sacralizar um objeto.

Não, minha querida leitora e meu estimado leitor. Não me refiro aos infiéis daqui e dali. Começo o texto pensando em mim. Há quase dez anos, estive pela enésima vez na Índia. Talvez pelo calor ou pelo meu horror a andar descalço, ingressei irritado em um templo dedicado a Shiva. Meu guia era shivaíta, assim como sua família. Era uma tradição religiosa de séculos entre eles. Diante do altar com a divina esposa Parvati, o simpático indiano-hindu foi tomado de forte emoção, similar à que presenciei em Fátima ou Lourdes com católicos. Já disse, talvez o calor, talvez o incômodo eterno que tenho em pisar em pedras descalço, talvez apenas minha ignorância... Na saída, de repente, fiz a ele uma pergunta profundamente infeliz: "Você acha, realmente, que existe um ser chamado Shiva?".

A indagação está na minha memória como uma das mais idiotas da minha vida. Mais do que isso: foi invasiva e preconceituosa com a crença do meu guia. Eu o estava pagando e isso conferia mais autoritarismo ao meu questionamento. Ele não tinha a liberdade de me mandar pastar ou pedir que a divindade me punisse. Educado e mais sábio do que eu, respondeu que sim, e que isso fazia parte de uma tradição antiga. Só então percebi que o calor havia evaporado o pouco bom senso que eu tinha. Passei o resto da viagem me desculpando com nosso orientador local.

Não sou religioso. Não compartilho das crenças da maioria. Porém, continuei ocidental e cristão. Pior, incorporei o pior do etnocentrismo monoteísta e deixei de lado o melhor que seria a compaixão sincera por qualquer ser humano. Jamais perguntei a alguém que estava de joelhos em Fátima (e fui tantas vezes lá) se aquela pessoa realmente acreditava naquilo tudo. Visitei igrejas no mundo todo e nunca me ocorreu indagar a um padre durante a consagração: "Escuta, moço, você acha mesmo que isto é algo além de farinha?". Por quê? Porque, mesmo não sendo religioso, aquela era minha cultura. Bastou eu ser separado da matriz europeia e meu pequeno monstrinho etnocêntrico e fascista veio à tona. Não há problema com o que estou acostumado, porém a fé do outro é sempre tratada como folclórica.

O outro, essa profunda categoria antropológica, é um desafio. Mais grave: venho dando aulas sobre alteridade (o estudo do outro) há décadas. Ensinei a centenas de alunos a teoria. Eduquei muitos sobre os riscos de eu me considerar como referência do universo e julgar, com meus valores, culturas distintas. Trabalhei relativismo em autores variados. Critiquei eurocentrismo e dogmas. Os alunos me ouviram, eu não me escutei e fiz aquela pergunta abominável.

Estou certo porque é o que acredito, você está errado porque não segue o que professo. Você é exótico, estranho, infantil até. Eu sou o iluminado e, como um novo Moisés, o verdadeiro deus, o meu, claro, revelou-me no sagrado monte Sinai as regras das minhas leis. Moisés retirou o calçado para estar na presença divina e ficou abalado com a proximidade do sagrado. Eu, pelo contrário, alego que os outros precisam calçar as sandálias da humildade. Se não pensarem como eu, são arrogantes e cegos. Sou o novo doutor da lei, o fariseu clássico, o que grita no Templo que foi salvo e que é distinto do samaritano impuro. Claro! Passo pelo humano ferido na beira da estrada e sigo cantando louvores. Ressalto: a idiotice da fé cega é tão constrangedora como a arrogância do ateu que humilha alguém porque Shiva é mais estranho do que um crucifixo.

Vi meu amigo Drauzio Varella emocionado narrando casos de amor e de solidão de pessoas trans na cadeia. Vi outros querendo apedrejar porque "ela pecou e a Lei manda matar". Volto à parábola de Lucas. Ali estava o samaritano. Dr. Drauzio é ateu e socorreu o próximo. Eu nada faço de bom e, em meio a uma viagem de luxo, aproveito para perguntar babaquices a uma pessoa que me serve. A dignidade não está no ateísmo e tampouco no modelo de deus seguido pelas pessoas. Seu deus pode pedir que você respeite a sexta, descanse no sábado ou santifique o domingo. Seu deus pode pedir que você pague dízimos ou trízimos, que acenda velas ou cante. Seu deus é seu.

A única verdade, a única redenção possível para os homens e seus muitos deuses, assim como para os ateus, é a capacidade de ver o outro. Se você e seu deus acham que qualquer ser humano é inferior, ou indigno, ou desviado, ou doente moralmente, você e seu deus são babacas absolutos e se merecem. Descobrir o outro é um desafio para ateus, agnósticos e crentes. Creia ou não creia, apenas não seja idiota. Viva o amor, independentemente de quais deuses ocupam o altar da sua vaidade. Sucesso para os samaritanos. Que os deuses povoem esperança em todos.

Quanticamente

Advertência aos físicos profissionais: nada sei de física quântica. Suspeito que, apesar dessa declaração inicial, eles gostarão do texto.

O termo "quântico" entrou no vocabulário popular há alguns anos. Pode ser lido em anúncios de "programação neurolinguística quântica" ou associado à ação de algum *coach*. Em um debate, quando a pessoa encontra alguém racional e muito cético como eu, geralmente diz que não conheço a física quântica. Sim, é verdade; e meu interlocutor, provavelmente, também não.

Não estão convencidos do vasto cipoal que viceja entre a física científica e o campo adjacente? O indiano Amit Goswami desenvolve o conceito de "misticismo quântico". Ele começou como físico profissional, inclinou-se à parapsicologia e, depois, utilizou o conceito de "criatividade quântica" e analisou o "ativista quântico". Começamos por um doutor em Física, ou seja, alguém de formação sistemática na área. Imagine o que passa pelo porão.

Sempre fiz a distinção entre dois campos que respeito muito. O primeiro é o da ciência, que busca causas e efeitos verificáveis e debates com os pares. O segundo campo é o da crença pura, aquele impulso de relação com o sagrado como necessidade interior. Considero fundamental, para compreender a humanidade, saber que existe o remédio testado em laboratório e a oração testada no interior de cada ser.

Há um campo novo e pantanoso que, grosso modo, seria o da pseudociência. Física quântica não é pseudociência. Falo da apropriação do termo para tentar achar uma realidade fora do verificável, algo que estaria oculto ao sensível e externo à lógica clássica. Alguns que se apoderam de conceitos da física passam a falar de alinhamento de energias, vibração em sintonia com forças positivas e estabelecem princípios que seriam insofismáveis como "lei da atração". Existem "curas quânticas" e "saltos quânticos" e por aí vai o laço de "supercordas".

Reflitam, minha querida leitora e meu estimado leitor. O drama da pseudociência é que ela não tem a dignidade tradicional da fé e jamais terá o reconhecimento da ciência. A física quântica possui décadas de debates e de experimentos. São cientistas que, tendo dominado a física clássica de Newton e apreendido as reformulações de Einstein, passaram a pesquisar novos paradigmas. O "guru quântico" não sabe a fórmula simples para calcular a velocidade. Seria incapaz de ler um texto de Erwin Schrödinger ou de Niels Bohr.

Ainda assim, tem por meta aplicar princípios da física quântica a você e ao projeto de vida alheia. Como alguém que nunca entendeu mecânica clássica pode passar para a física quântica? Pior: como uma pessoa que desconhece tanto o mundo newtoniano como as propostas da física quântica pode desejar aplicar esses princípios ao que quer que seja de forma minimamente correta?

O quântico virou metáfora de "fora do observável", "distinto do ortodoxo", algo que as pessoas comuns afeitas a coisas concretas não poderiam perceber. Em outras palavras, uma mistificação no sentido que estou utilizando aqui. Uma tentativa de se apropriar da solidez da ciência, do esforço de formação e do penoso método científico para elaborar uma salada indigesta de propostas religiosas e científicas, pegando o pior de cada um dos dois mundos.

Física quântica é proposta científica de grandes laboratórios e centros de pensamento. Religiões são expressões densas da humanidade há milênios. "Treinamento quântico para superar nós energéticos" constituem-se, unicamente, em picaretagem pura, desonestidade, caça-níqueis para crédulos. Quando algum guru quântico vier a você oferecendo qualquer produto com o termo, peça para ele explicar de forma clara e racional a visão sobre partículas e sobre ondas do ponto de vista da física e como isso pode ser demonstrado na "alma" de um indivíduo.

Crenças são fundamentais. Quando pessoas colocam crenças como base para tratamentos, passam a ser perigosas. A maioria dos seres humanos busca a quimioterapia em casos de um câncer e não deixa de utilizar um recurso religioso. A combinação é clássica e não me incomoda. Grandes gurus de fama internacional acabam fazendo terapias tradicionais em hospitais. Aqueles que passaram a vida incorporando espíritos ultrapoderosos que curam com imposição de mãos ou facas enferrujadas acabam em um asséptico centro cirúrgico, sem espíritos, apenas com médicos céticos e bem treinados.

Já disse que considero simpático o terraplanismo. Penso nele como uma espécie de seita exótica ao redor de menires celtas dançando nus na lua cheia. Tenho medo e considero criminosos os que negam as vacinas. E, acima de tudo, considero muito danosos todos os que vestem sua trapaça com o manto da ciência. Entreguem-se a Deus, entreguem-se a Stephen Hawking ou a qualquer pensador, jamais se entreguem a alguém que prometa "cura quântica". Desejo uma vida plena para todos. A esperança é quântica.

Amigos e canalhas

O mundo tinha virado um caos. Zeus considerava que a humanidade era irrecuperável. Decidiu que destruiria toda a espécie com fogo. Ergueu seu raio e ia atirar contra o solo, quando pensou que um incêndio daquela proporção poderia afetar até a morada dos seres olímpicos. Ordenou então, como em tantas narrativas antigas, eliminar os mortais pelo dilúvio. As águas jorraram e começaram a afogar milhões.

Havia um casal de justos: Deucalião e Pirra. Ele era filho do próprio titã Prometeu. Alertado pelo pai divino, construiu uma arca e salvou a si e à amada esposa. Ao descrever o mito, o poeta romano Ovídio coloca a frase na boca do sobrevivente: "*Nos duo turba sumus*" [Nós dois somos uma multidão]. A frase tem lógica, porque o isolado e piedoso casal seria a nova semente de todos os mortais seguintes. Eram uma multidão de dois.

Joseph Addison (1672-1719) usa a epígrafe de Ovídio para definir a amizade. Para o inglês, os amigos são um remédio de vida e curam as dores e angústias que se instalam na nossa existência neste mundo [*a friend's being the medicine of life, to express the efficacy of friendship in healing the pains and anguish which naturally cleave to our existence in this world*]. A ideia está em uma coletânea feita há 110 anos: *The Gift of Friendship* [O presente/dom da amizade], que encontrei no fabuloso Projeto Gutenberg (gutenberg.org). A capa traz uma frase definidora: "*Friendship is a sheltering tree*" [a amizade é uma árvore protetora]. No livro de 1910, filósofos e escritores são citados nas páginas mais luminosas dos pensamentos sobre a relação entre pessoas que se estimam fraternalmente.

Uma das minhas primeiras crônicas para o *Estadão* foi sobre a amizade (28 de agosto de 2016). Lá, eu usei Montaigne para definir o motivo de alguém gostar de um amigo: "Porque era ele e porque era eu". A ideia descritiva da relação entre o filósofo e seu amigo Étienne de la Boétie é poética e densa. Não existe um motivo racional na amizade. Os amigos surgem da especificidade de um afeto, no mistério insondável de cada biografia. Ao crescerem na relação, passam a ser uma multidão, algo maior, muitas coisas debatidas e vividas na sedimentação do amor.

Autores práticos como Francis Bacon, um pouco posteriores a Montaigne, destacam os benefícios da amizade: paz nas afeições, apoio do julgamento e ajuda em todos os momentos [*peace in the affections, and support of the judgment followeth the last fruit; which is like the pomegranate, full of many kernels; I mean aid, and bearing a part, in all actions, and occasions*].

A tradição é antiga: Aristóteles havia destacado também que a amizade era uma virtude. Ela ajudava o jovem a errar menos, e a amizade transmitiria à mente a ideia de ser bom consigo mesmo. Os amigos são necessários para auxílio na desgraça e, na prosperidade, para conselho e exercício da bondade. Bacon e Aristóteles olharam para a amizade como uma relação de mútuo ganho, amparo, proteção e benefícios recíprocos. Estão certos! A frase de Aristóteles é citada no texto de Francis Bacon: quem se deleita com a solidão ou é um animal selvagem ou um deus.

Li os muitos autores da obra sobre a amizade. Cada um discorreu com elegância e erudição sobre amigos e amizade.

Samuel Johnson (1709-1784) recupera a tradição platônica/socrática sobre a isonomia de amigos e cita Salústio (86 a.C.-34 a.C.), que define amizades a partir da comunhão de afetos e de ojerizas em comum. George Berkeley (1685-1753) chega a aproximar o equilíbrio de atração e o equilíbrio entre estrelas e planetas com o que leva um amigo a outro, indicando, com isso, que a amizade estaria inscrita em uma ordem natural divina e astronômica, desejada pelo criador e organizada pela matemática suprema das esferas e da astronomia. São lindas e poéticas metáforas.

Volto a Montaigne e a Ovídio. A única explicação do afeto de amigos é a existência da outra pessoa. O amigo é imprescindível porque é ele, apenas, sem muitos outros qualificativos. Os benefícios podem ocorrer, porém brotam da simples existência da generosa fonte da amizade. Assim, um sendo quem é encontra outro e surge uma multidão, como Deucalião pensou sobre o casal isolado pós-dilúvio.

Os amigos se salvam do dilúvio da banalidade, analisam-se, observam-se e lançam um dom precioso e forte: a sinceridade. Para ser amigo de alguém, eu preciso ser comigo mesmo. Não sendo animal nem deus, necessito de outras pessoas. A multidão de dois é fabulosa. Enfim, a sós com um grande amigo, bebendo vinho, cerveja ou chá, conversando olho no olho, você percebe que cada um está ali porque desejou ser, simplesmente ser, parte da multidão binária e complementar da entrega afetiva. A amizade é um dom cultivado, um equilíbrio existencial, uma luz em meio a um mundo áspero e complicado. Como previa o amigo de Montaigne, somente os bons possuem amigos. Os maus fazem uma conspiração e não amizade.

Os canalhas apenas se "entre-temem". Amizade é virtude e exercício corajoso de entrega. É um dom. É uma epifania. A verdadeira e devastadora solidão é estar cercado de pessoas que não são amigas. Seria melhor ser uma besta selvagem uivando em uma caverna. Amigos trazem esperança para a vida.

Dos que cuidam e dos que são cuidados

O assunto chama atenção. Já escrevi sobre isso anteriormente. Nunca tive contato com uma plena exceção. Talvez exista, apenas reconheço meu desconhecimento. Em todo casal (e toda família) há jardineiros e flores, os que cuidam e os que são cuidados.

O jogo é quase automático. Ambos encontram prazer nas suas searas. O jardineiro (ou a jardineira) vive pensando na água e no sol que incide sobre as plantas, no adubo exato e na luta contra as pragas. A rosa cuidada abre-se ao sol e aceita a água com variados graus de gratidão. Um elege zelar como destino e identidade. O outro reconhece ser cuidado como um estado natural, quase subatômico da ordem do Universo.

Os casos variam muito. Você os conhece, querida leitora e estimado leitor. O casal entra no quarto do hotel depois de longa viagem. A rosa (ou o cravo) se atira na cama, exausta. O jardineiro abre as malas, procura o cofre, liga para a recepção para saber sobre o café da manhã, repassa o roteiro do dia seguinte, faz a reserva do restaurante. A flor sorri diante da agitação do jardineiro. Beneficiada pela inquietação dele, insiste que relaxe, que não se preocupe. Contraditoriamente, emite sinais de satisfação de não precisar zelar por aquela lista enfadonha da agricultura do par.

O drama do jardineiro é a falta de autoconhecimento. Ele assume as tarefas porque gosta, cuidar implica controle e eleva a importância de si e para si. Raramente, permite que alguém faça sua cota de trabalhos. Todavia, reclama que está sozinho, que tudo está sobre ele, que ninguém mais pensa nas coisas práticas, que os outros vieram ao mundo a passeio e ele, a trabalho. Torna-se pesado porque sempre fica agitado, rodopiando para lá e para cá como um rato envenenado (expressão imaginativa da minha amiga Sylvia). O drama do jardineiro é ficar sobrecarregado pelo peso dos tijolos que ele, metodicamente, coloca na própria mochila.

O drama da flor é ser vítima da dependência que a infantiliza e alegra. Ela quer o jardineiro leve e demanda, com olhar sequioso, a ação contínua. As flores são mais leves do que os que trabalham por elas. A leveza pode estar associada à inconsequência.

É um drama previamente acordado e mutuamente satisfatório. Porém, flor e jardineiro entreolham-se com raiva, por vezes. Analise o jogo teatral: ambos possuem toda a força para mudar o enredo e o cenário, no entanto decidem que são protagonistas da peça e querem vê-la da plateia como se nenhuma relação tivessem com o drama. Preferem ser críticos a assumir seu papel de autores.

E as habilidades? São como pedras de Sísifo no jogo. "Só a Joana faz malas com perfeição!" Pronto! A infeliz jardineira está condenada a fazê-las até o dia do Juízo Final. Como é um jogo, já o disse, Joana reclama, sem cessar, do peso de ser a "maleira da família". Porém, mal o marido começa a arrumar quatro camisetas para a viagem, ela despeja uma catarata de críticas por ele não as ter enrolado em delicados tubos que liberem espaço e confiram a aparência de capitéis clássicos à valise. Os dois polos do entretenimento psíquico são: a) tudo recai sobre minhas costas cansadas; b) ninguém é tão eficaz como eu sou.

É drama da sua querida família ou do seu abençoado casamento, ó minha querida jardineira e meu caro vegetal? Não vamos nos dar tanta importância. O jogo das plantas e dos horticultores está descrito nos Evangelhos. O capítulo 10 de Lucas fala de duas irmãs da aldeia de Betânia: Marta e Maria. Jesus vai visitá-las. Maria está encantada com o Mestre e fica ouvindo, absorta e inerte. Marta é a zelosa jardineira que deseja o bem-estar do seu hóspede. Lava, limpa, serve comidas. Como é comum na sua categoria, vendo que não a observam no seu sacrifício, a irmã se irrita. Pede que Jesus obrigue a ouvinte tranquila a imitá-la. Jesus a recrimina e diz que Maria escolheu a parte boa, que nunca lhe será tirada. O Mestre fica ao lado da rosa e ataca a jardineira. Jesus e Maria, provavelmente – imaginação infame minha –, estavam lá comendo o pão que Marta amassou, beliscando as azeitonas oferecidas, tomando da água e do vinho. Acham Marta estressada, mas aproveitam muito do resultado da azáfama.

Maria vira modelo da vida contemplativa, e Marta é retrato da vida ativa. Mais: Santa Marta é celebrada todo dia 29 de julho como padroeira das donas de casa e das faxineiras, bem como de todos os hoteleiros do mundo. Marta, recriminada por Jesus por ser prática e atarefada e ter abandonado o privilégio de ouvir o Mestre, é também aquela que pede a Ele que traga o irmão Lázaro de volta à vida. Diante do pedido direto de Marta (a quem ele amava, o Evangelho não deixa dúvidas), Jesus realiza o milagre narrado no capítulo 11 de João.

O jogo do jardineiro e da flor é complexo e não existe em estado puro. Algumas flores auxiliam em pequenos tratos na terra. Jardineiros se irritam e deixam de fazer algumas coisas para que sua importância seja notada. A flor inteligente sabe elogiar incessantemente o zelo de quem cuida. Objetivo? Acalmar o narciso agrícola. É uma relação complexa. Como eu já disse, nunca conheci um casal em que ambos fossem rosas ou jardineiros totais. Quando muito, há zonas delimitadas para a jardinagem de cada um.

Assim, em cada casa há uma bela roseira e um orgulhoso cuidador. Um não existiria sem o outro. Que essa crônica traga paz a ambos na vocação que escolheram e que levam adiante todos os dias. É preciso ter esperança nas flores e no trabalho do jardineiro.

A admiração que luta

Machado definiu a inveja como "a admiração que luta". A afirmação está no genial *Memórias póstumas de Brás Cubas*. Mas a nova lei de *Humanitas* proposta no livro diz que a inveja é um sentimento nobre e uma virtude, pois nasce do positivo de buscar alguém superior. A personagem do Bruxo do Cosme Velho é uma rara voz a favor da inveja.

No meu livro *Pecar e perdoar* (HarperCollins, 2017), tratei dos vícios fundamentais da nossa espécie. Constatei (em harmonia com quase todos os moralistas) que a vaidade é a base de todos os erros, capitais, morais, veniais ou pecadilhos cotidianos.

O orgulho fez cair Lúcifer, o mais belo dos arcanjos. Como ele, portador de luz, poderia prestar reverência ao homem recém-criado? Ele preferiu, como escreveu o poeta John Milton (1608-1674), ser senhor do inferno a servir no céu [*Better to reign in Hell, than serve in Heaven*]. Curioso que a fala orgulhosa dele indica, alguns versos antes, que o Todo-poderoso instituiu aquele lugar não por inveja e, por isso, eles não serão desalojados dali [*the Almighty hath not built here for his envy, will not drive us hence*]. Comportamento típico de acusados: tenta jogar a culpa em mais gente. Debalde, inveja e orgulho estariam associados para sempre. O invejoso acha que o mundo lhe deu pouco, ou que é mais merecedor do que aquele que parece mais realizado. Assim, na ambição de uma vaidade desequilibrada, surge a umidade para germinar a tristeza pela felicidade alheia, a mais clara e precisa definição de inveja.

Abstraia o tema de Milton: um céu e um inferno. Elimine por um instante a possibilidade de um Deus. Pense fora da gramática moral. Assuma apenas o lado técnico: o que alguém ganha invejando? Absolutamente nada. Pelo contrário, ao olhar a vida alheia com força, tende a perder foco na sua. O jovem pintor que se queima de inveja diante dos quadros dos mestres tem uma chance grande de nunca pintar nada bom. Em nada melhora meu projeto profissional ao achar o do outro superior. Atacar alguém pelas redes sociais revela muito de mim e da minha dor, raramente elimina a fama do meu alvo. Pelo contrário, aumenta a presença dele entre os *trending topics*... O invejoso ajuda no sucesso alheio. Como queria Brás Cubas, é uma "admiração que luta".

Serviria o sentimento invejoso para algo bom? Na minha interpretação, é um dos maiores sintomas que podemos expressar do que desejamos ou tememos. Não vejo o sentimento, em si, como ruim, já que somos falhos e pouco sábios. Ao ver que emerge qualquer coisa que possa ser classificada como inveja, pego pela raiz o impulso e penso o que eu quero e, se quero, por que não luto por ela? Retiro do outro o poder de causar dor e coloco-me como protagonista. Deixo de achar que minha felicidade pode estar em régua alheia, que meus afetos possam ser determinados por terceiros e tento reassumir a tranquilidade interna para fazer o que posso mudar, e, bem estoicamente, aceitar aquilo que não posso. Assim, a inveja é um indicativo rico quando surge. É um veneno terrível quando eu a deixo seguir o curso de envenenamento.

Há alguns anos, no já citado livro *Pecar e perdoar*, eu dei um conselho a mim e a quem lesse. Seria possível evitar o orgulho e a inveja? "Acho que não. No extremo, alguém que dissesse que está feliz por não ser orgulhoso, no fundo, está dizendo do seu orgulho de ser humilde. Se não tenho inveja de nada, provavelmente já fiz a transição para o país da morte, pois viver, em parte, é invejar. Mortos não invejam, no entanto ainda podem ser invejados."

Enquanto eu estiver vivo, crescerão em mim os miasmas da vaidade e da inveja. Imerso na lama da humanidade, pelo menos posso tentar lutar e me conhecer um pouco mais. Considero uma luta diária e renhida. Focar o meu projeto. Ser consciente dos meus limites. Admitir meus erros ao menos para mim. Perceber que a luz alheia pode cegar a mariposa do bom senso e me fazer adejar de forma errática em fonte luminosa errada. Quando observar as muitas, inúmeras, incontáveis multidões de pessoas melhores do que eu, conseguirei pensar que algumas coisas podem ser constituídas em bons exemplos. Naquilo que eu jamais poderia alcançar, aceitar que viver é carregar algumas dores. Refletir também que o pouco que eu possa ter de superior à média deve ser apenas prova de que a média nunca é um bom patamar de comparação. Eis a jornada quase diária para ser sábio. Um desafio adaptado do sábio conselho dos alcoólicos anônimos: só hoje lutarei para ser melhor até o fim deste único e irrepetível dia. Exclusivamente no dia em curso tentarei olhar para meu universo, mesmo mantendo o olhar e o gesto solidário com o mundo. E, corrigindo o demônio do poema citado de Milton, eu saberei que no paraíso ou no inferno, reinando ou sendo mandado, continuarei sendo eu e me carregando para sempre. Eu estou condenado a mim mesmo. Isso liberta, assusta, faz pensar e, talvez, despertar. A inveja é o grito do prisioneiro de si que não suporta mais a cela. Chuvas de esperança para todos os sábios, e para nós também.

PARTE 2

Memórias

A matéria-prima do historiador é a memória. O tema conduz ao desafio da produção, armazenamento e significado de fatos que agitam a superfície do presente em diálogo com pretéritos perfeitos e imperfeitos. Entender a memória é saber sobre a vida e o registro dela. Acima de tudo, há processos de esquecimento necessários e outros que querem induzir a uma pós-verdade.

Rita e Gilda

Brooklyn, Nova York, em 1918. Seu nome de batismo denunciava a ascendência latina: Margarita Carmen Cansino. Mulher linda, treinada pelo pai em dança, começou cedo a carreira no cinema. Em 1946, aos 28 anos, fez o papel que a imortalizaria como uma deusa *sexy*, símbolo absoluto do feminino de sensualidade devastadora. No filme, quando ela tira sua longa luva, causa mais furor do que os *stripteases* completos. Gilda fumando é uma cena única, em época de sedução associada ao cigarro e à ousadia.

Há uma frase associada à atriz Rita Hayworth após o sucesso de *Gilda* (dir. Charles Vidor, 1946). Ela reclamava que os homens se apaixonavam por Gilda e acordavam ao lado de Rita. A atriz casou-se cinco vezes. As uniões foram, quase todas, muito infelizes. Seria isso? Bem, ela teve um casamento ruim aos 18 anos, bem antes do sucesso do filme. Talvez o mito Gilda não possa levar toda a conta da dor de Rita. Porém, com certeza, o abismo entre a personagem e a mulher real é algo que poderia ser interessante para pensar Marilyn Monroe, Maria Callas, Elizabeth Taylor e a própria Rita.

Recebo muitas celebridades na minha casa. Noto, por vezes, que as pessoas menos conhecidas ficam, ao mesmo tempo, um pouco fascinadas e incomodadas ao lado delas. Talvez imaginem que aquela atriz belíssima viva seja linda e fascinante em todos os momentos. Diante do intelectual midiático surge a vontade de manifestar algo inteligente sempre. Ao conversarem com um músico conhecido, muitos imaginam que o ouvido seja o único campo de interesse do convidado e ficam trazendo tudo o que conhecem do mundo das notas para a conversa. Poucas pessoas conseguem entender que a atriz é também mãe, que faz compras, que fica gripada, que tem insegurança em algum campo e que, acima de tudo, naquele instante festivo, provavelmente não deseje fazer o papel de diva. Rita quer ser Rita e não Gilda, e, mais incrível, existe a hipótese de ela desejar uma noite como Margarita, seu eu anterior a Gilda e a Rita.

O mal é universal: personagem e ser humano concreto, rosto e máscara, cena e eu interior. Amigos médicos reclamam dos hipocondríacos de toda festa que querem uma endoscopia ali, com o copo de gim-tônica na mão. Pediatras sofrem mais do que a média. Enunciado o nome reumatologista, o grupo elenca, em anamneses intermináveis, todas as suas dores ou as de familiares. Infectologistas devem preparar uma breve preleção sobre coronavírus entre o caldo e a carne principal. Penso em uma hipótese: apenas proctologistas ou especialistas em disfunção erétil estejam isentos do debate público em festas. Claro, é uma hipótese, porque a vontade de atenção está um pouco fora de controle hoje.

Vou ampliar o pensamento. Eu contemplo aquele político desagradável. Examino sua fala em público. Noto contrações do lábio, pequenos atos nervosos, mãos inquietas, deslizes gramaticais e um olhar incomodado com a situação da entrevista. Imagino Gilda atuando, sem a beleza ou o talento de Rita. Analiso a personagem na ribalta do poder e suponho o pai de família, o amigo, a pessoa fora daquele ambiente. Não é um gesto de compaixão no sentido clássico, está mais para tentar entender algo mais complexo do que aquilo que aparece. Na verdade, sou fascinado pelas máscaras para entender o que ocultam. Funciona como a burca. Estou na rua de um lugar no exterior (pode ser Londres ou Cairo) e passa ao meu lado uma mulher de burca completa. Nada denuncia quem está sob os panos escuros. Porém, ao passar ao lado dela, um perfume intenso fica no ar. A sinestesia misteriosa faz supor como será aquela pessoa que eu não vejo, apenas sinto. Tenho a sensação de que a maioria dos políticos ostenta a burca para falar. O cargo, a timidez, a situação ou as más intenções jogam um pano pesado sobre eles. Sob a roupa ritual, um outro perfume (ou fedor) insinua-se.

Todos julgam o que podem ver, dizia Maquiavel no célebre capítulo 18 de *O príncipe*, poucos são capazes de perceber quem a pessoa de fato é. E quando Gilda tira a maquiagem, quando despe as burcas de Hollywood, vira Rita. Etapa seguinte: quando Rita relaxa e não se sente observada, ela permite que a frágil Margarita tire a segunda máscara. A filha de espanhol com sangue cigano não precisa fumar como Gilda nem ter o cabelo de Rita Hayworth. Todas as burcas podem ser retiradas. O que veríamos se todos os políticos pudessem ser eles mesmos? Seria, sob o horror aparente de Quasímodo, um espírito doce? Ou, pelo contrário, Dorian Gray mostraria o rosto escondido no sótão?

O mês de abril começa com o dia da mentira. O filósofo Epicteto dizia que, se ouvir alguém falar mal de você, deveria existir alegria, porque as pessoas só saberiam aquela maldade para lançar na sua cara. Imagine se soubessem de tudo? Imaginemos todos, políticos e médicos, jornalistas e esposas, funcionários e maridos, eu e você, despidos de todas as máscaras. Quem se deitaria com qualquer Gilda se soubesse de tudo? É preciso ter muita esperança e... não ter tanto conhecimento sobre os outros.

O poder em preto e branco

Spike Lee sempre faz pensar. Saio dos filmes dele com emoção, entusiasmo, discordâncias, raiva; nunca indiferente. Você viu *Infiltrado na Klan* (*BlacKkKlansman*, dir. Spike Lee, 2018)? É uma história baseada em fatos ocorridos no Colorado. Na década de 1970, o policial negro Ron Stallworth montou uma operação para se infiltrar na organização norte-americana, a Ku Klux Klan. O ocorrido já tinha ido às telas com o filme *The Black Klansman* (também conhecido como *I Crossed the Color Line*, 1967), dirigido por Ted V. Mikels. É um grande exercício analítico comparar o que um diretor branco e um negro fazem com a mesma fonte.

O filme de Spike Lee trata da questão do racismo contra negros e judeus. Em meio à liberdade criativa da ficção, há dados históricos. O mundo concreto aparece em cartazes sobre a surpreendente reeleição de Nixon ou cenas chocantes dos incidentes raciais em Charlottesville (2017). Sempre é importante dizer que, para o historiador profissional, os fatos concretos são recortados pelo diretor para expressar um ponto de vista e uma posição política. Assim, trata-se do real, mas do real de Spike Lee. A costura da narrativa é um gesto subjetivo e, no fundo, sem nenhum tom pejorativo, um produto retórico.

Como eu posso falar em retórica diante de uma questão tão grave? Vou exemplificar. Há uma cena em que os membros racistas da Klan assistem ao filme que revitalizou a organização: *O nascimento de uma nação* (*The Birth of a Nation*, dir. D. W. Griffith, 1915). O grupo se comporta como em um cinema e, diante do claro tom racista do filme de D. W. Griffith, torcem, comem pipoca e, ao fim, em catarse coletiva, gritam "*White Power, White Power*"! Quase ao mesmo tempo, em outro ambiente, surge uma reunião de militantes negros. Eles ouvem um comovente depoimento sobre os linchamentos de negros. Um senhor relembra um fato particularmente macabro, o que vira durante a Grande Guerra (ao mesmo tempo em que o filme *O nascimento de uma nação* estava sendo feito). Ao fim, o grupo militante fica gritando "*Black Power, Black Power*"! Aqui entramos no campo da retórica, fascinante e perigosa.

Estamos diante de sobreposições ficcionais. Um policial negro criou um plano real para se infiltrar na Klan. Isso ocorreu. Anos depois, esse policial produz uma narrativa que vira um filme e, na geração seguinte, outro filme. A memória vai se transformando, como sempre. Spike Lee, diretor do segundo filme, recria personagens militantes contra o racismo (como Patrice Dumas e o próprio Stallworth) e claros vilões favoráveis à supremacia branca (como o mestre da Klan, David Duke e o asqueroso Felix Kendrickson). Há racistas que buscam pretensos dados culturais/biológicos para embasar seu ódio, há racistas que apenas transferem sua frustração pessoal para o combate a negros e judeus e há racistas com uma debilidade cognitiva mais clara do que a média. A primeira sensação que tive na sobreposição de *black* e *white power* é uma equiparação artificial. Os brancos deliram com o poder negro ou com riscos ao que imaginam ser a "supremacia ariana". Deliram porque ninguém é agredido por ter olhos azuis ou perde um emprego pela baixa concentração de melanina. A sociedade dos Estados Unidos, como a brasileira, abre mais portas a brancos do que a negros e não existem discursos culturais ou regras não enunciadas que excluam brancos do mercado de trabalho ou da visibilidade na propaganda. No caso da reunião dos militantes negros, eles estão sugerindo *black power* como uma resistência aos gestos violentos de alguns policiais (que aparecem no filme), contra assassinatos e exclusões reais. O risco branco, no caso, é um delírio e o risco negro é real. Qual teria sido o objetivo de Spike Lee ao aproximá-los? Outra aproximação no filme é sobre a violência. Oradores negros falam em guerra próxima, necessidade de resistência etc. Militantes da Klan pegam em armas de verdade e planejam um atentado que sai pela culatra.

Aqui, entramos em um debate complexo. O que Spike Lee sugere ou provoca é algo grande para pensar. Quentin Tarantino, por exemplo, mostra gestos de grande violência em *Bastardos inglórios* (*Inglourious Basterds*, dir. Quentin Tarantino, 2009), mas é uma violência contra nazistas, arquétipos do mal e da violência, logo, violência que nos entusiasma. Vida humana sempre importa ou só importa quando existe empatia pela vítima?

Os policiais do filme de Spike Lee são desqualificados com gírias pesadas pelos militantes negros. Os negros são tratados apenas por insultos pelo outro lado. Quem deve viver e quem deve morrer? Matar um racista é justificável? Matar um terrorista é legítima defesa? Qual vida importa? O filme ajuda a pensar o poder em preto e branco. Os racistas e os militantes contra o racismo alegam que a violência seria legítima defesa. Poderia ser o combate moralmente justificável (a luta contra o racismo) base para violência? Spike Lee faz pensar em muitas questões sobre como funciona a violência de um mundo dominado por brancos. Talvez ele também insinue *A revolução dos bichos* (*Animal Farm*, dir. John Stephenson, 1999): o eterno risco de usar a justiça apenas para mudar o nome do tirano de plantão. Já temos a experiência histórica e forte do racismo e seu desfile de violências. Como escapar da armadilha dos seres orwellianos? A pergunta não tem resposta clara: qual pacifismo é bom e qual faz o jogo do carrasco? Haveria paz sem esperança?

O tamanho do sucesso

Alexandre, o Grande, tinha no corpo menos grandeza do que no título. Sua altura é estimada entre 1,52 m e 1,56 m. Não era, propriamente, um gigante. Venceu o grande imperador persa Dario III. O derrotado talvez passasse de 2,12 m. Mesmo que as crônicas aquemênidas possam exagerar um pouco, Alexandre sentiu a diferença ao sentar no trono do derrotado. Se houvesse celular naquele momento, a cena teria algo de ridículo. Meu amigo Alex Bezerra de Menezes, especialista em Alexandre, deu-me dados e fontes precisas para trazer esses números à tona. Alexandre, o pequeno, derrotou Dario, o gigante. Altura e sucesso não parecem ser amálgama necessário.

Napoleão devastou a Europa do alto do seu 1,68 m. Não era pequeno para o início do século XIX. O francês era ligeiramente mais alto do que seu rival irlandês, o Duque de Wellington (da famosa batalha de Waterloo). Possivelmente, a fama de "anão corso" nasceu da propaganda inglesa e da presença comparativa da Guarda Imperial, que chegou a ser um exército dentro do exército napoleônico. Muitos oficiais desse corpo de elite eram altos e ficavam ao lado do imperador. A comparação foi desfavorável ao gênio de Austerlitz.

A injustiça perdurou. Surgiu o termo "complexo de Napoleão" para descrever as pessoas que, tendo baixa estatura, compensam com agressividade ou arrogância. A calúnia inglesa foi eficaz. Contradição interessante: se ser baixo produz uma vontade maior de superar a média, deveríamos, a partir do exemplo napoleônico, considerar que a baixa estatura estimula a força de vontade e o sucesso.

Houve ditadores que poderiam ter sido vítimas do complexo de Napoleão. Mussolini tinha 1,69 m. Usava botas e se fazia fotografar de baixo para cima para criar efeito de maior altura. Muitas vezes discursou do alto de uma plataforma de madeira atrás de um balcão. Quem olhasse da praça veria Mussolini mais alto do que seus generais ou assistentes. Chaplin ironiza isso em uma cena de *O grande ditador* (*The Great Dictator*, dir. Charlie Chaplin, 1940), fazendo Hitler e o italiano ficarem elevando suas cadeiras para impor respeito ao "aliado".

A auxologia estuda o crescimento dos corpos. Há povos que combinaram carga genética e alimentação e apresentam alturas superiores à média mundial. É o caso de um grupo do Sudão do Sul, os dincas, bem como dos holandeses na Europa. A Holanda é o país com as pessoas mais altas do mundo, segundo a maioria dos levantamentos. Todos os dez países no topo do *ranking* estão na Europa. Os motivos são variados e incluem hábitos alimentares, saneamento, alimentação durante a gestação e genética. Será contínuo o processo? Os dados dos Estados Unidos mostram que os norte-americanos estão crescendo menos desde os anos 1960 do que cresceram no século anterior.

No Brasil, a média de altura é de 1,73 m para os homens e 1,60 m para as mulheres, com pequenas variações de acordo com a pesquisa e o método. Aqui, Napoleão, com um pequeno saltinho, já estaria na média.

Os brasileiros cresceram. Na média, saltamos mais de 8 cm em cem anos. Com frequência, filhos são maiores do que os pais. Nosso futuro parece ser mais elevado do que nosso passado.

A auxologia registra que situações de crise afetam o crescimento. Várias gerações de escassez crônica de alimentos na Coreia do Norte levaram a uma diferença significativa entre a outrora harmônica altura dos coreanos do Sul e do Norte. Democracia parece favorecer gente maior. Desde o fim do franquismo, os espanhóis registram um grande crescimento. O ditador, aliás, tinha 1,63 m. O atual rei da Espanha democrática, Filipe VI, tem 1,97 m. Claro, estou fazendo uma falsa associação entre autoritarismo e nanismo, mas, curiosamente, o mundo dos ditadores está mais próximo de se reunir na aldeia dos Smurfs...

Não existe uma possibilidade de associar altura a sucesso, inteligência ou caráter. Hitler tinha 1,75 m, a mesma altura de Albert Einstein. O mundo piorou com um e melhorou com o outro. Se acreditarmos no Santo Sudário, Jesus seria um homem de mais de 1,80 m, um gigante para a Palestina do século I. Se o Salvador tinha esse tamanho, o encontro com Zaqueu (descrito como muito baixo no capítulo 19 de Lucas) deve ter sido ainda mais impactante. A graça divina, no caso do coletor de impostos de Jericó, veio do alto.

Existe excessiva preocupação com altura. Pais apelam a tratamentos mesmo que o caso não implique uma preocupação expressiva. Há *bullying* em torno de altura nas escolas. Padrões fixos de beleza sempre esbarram na diversidade humana. Muitos homens sofrem com o que consideram sua baixa estatura e se esquecem de que a horizontalidade da cama é uma equalizadora extraordinária. Quer se sentir alto? Vá para o Timor-Leste, um dos países com habitantes mais baixos do mundo. Você acha sua altura expressiva? Uma caminhada em Amsterdã vai reduzi-lo a alguma insignificância. O domínio da força física e do tamanho limitou-se à pré-história ou às hordas bárbaras da Idade Média. O mundo é da inteligência, algo que, felizmente, não tem relação com estatura. Mark Zuckerberg tem 1,71 m, abaixo da média brasileira. Você preferiria ter 1,95 m ou ser Zuckerberg? Dario III preferiria ser Alexandre, o pequeno Magno? É preciso ter esperança sem fita métrica.

A diferença

Faz vinte anos que eu assisti a Nelson Freire pela primeira vez. Foi, na falta de termo mais forte, uma epifania. Por ironia do destino, uma das músicas daquela noite tinha sido minha peça de formatura no curso de piano. Em resumo, querida leitora e estimado leitor, eu não apenas descobri a extensão do talento do genial mineiro como coloquei o meu em perspectiva.

Preciso revelar algo que guardei em secreto escaninho da alma. Após tantos anos de escalas, de Czerny e de Hanon, eu tinha terminado minha formação pianística. Minha professora, a austera irmã Maria Eloísa (sem H), ficou satisfeita porque o andamento, o uso de pedais, os sinais de expressão (piano, forte etc.), a marcação de cada frase musical e os trinados estavam dentro do esperado pela partitura. Ela repetia algumas vezes a frase diante de uma bela cadência de Chopin: "Compor? Qualquer um pode. É uma técnica. A melodia, porém, é dom de Deus". No exame final, tirei a nota máxima por ter cumprido a exigência que se fazia para isso: tocar tudo de cor. Era fim de tarde e, ao lado de uma estátua de Santa Cecília que ficava no corredor, eu comuniquei a minha veneranda mestra de toda vida que pretendia também fazer música como curso superior (já estava no curso de História). Ela foi rápida: "Não faça! Você será melhor escrevendo e falando do que tocando". Foi uma das frases mais duras que meus tímpanos registraram. Como?

Após mais de uma década ao lado dela quase diariamente, de *O pequeno livro de Anna Magdalena* até "O cravo bem temperado", ela dizia para eu não continuar com o piano? Não havia acabado de tirar nota máxima e com o registro imparcial de um metrônomo irritante acima do piano Schiedmayer? A religiosa percebeu meu espanto e me deu um conselho forte: "Você toca muito bem; ser pianista é outra coisa".

Engoli a admoestação-crítica e segui a pé para casa, com o narciso ferido e o coração sangrando. A frase nunca saiu de minha memória e, anos depois, quase centenária, minha mestra faleceu. Naquela noite em que minha irmã comunicou a morte, sentei-me ao piano e toquei uma música que ela adorava, uma fantasia sobre um *Te Deum* conhecido entre alemães: "Großer Gott, wir loben dich" [Deus Eterno, a Vós Louvor].

Volto ao dia em que ouvi Nelson Freire na Sala São Paulo. Era 1999. Eu já era doutor e professor da Unicamp. Minha carreira seguira totalmente apartada da música. Virei um "ouvinte qualificado", com dedos cada vez mais duros e outras partes nem tanto. E então, de olhos fechados e absorto, ouvi Nelson Freire tocando. A primeira parte da música não tinha terminado e eu agradecia, emocionado, o conselho de irmã Maria Eloísa. Sim! Ela tivera clareza sobre o enorme abismo entre tocar e ser pianista. Nelson Freire era um pianista. Seus dedos acionavam os martelos e as cordas soavam com as mesmas notas que eu tocara, mas... o som era outro, completamente distinto. Ele falava a linguagem da música, ele se comunicava com as mãos. Eu tinha executado notas, corretas, no tempo adequado, como quem recita um poema de forma clara e tocante. Ele vivia a poesia das notas. Eu tocara Chopin, ele se tornara Chopin e bebia da mesma fonte do polonês para falar das estrelas, da alma humana, da dor, da morte, do amor, da sensibilidade, de atingir o inefável e compartilhar da beleza em seu estado puro. Eu era o acorrentado da caverna platônica que confundira sombras e sons com música. Nelson Freire brilhava ao sol radiante. Descobri a Sala São Paulo, descobri Nelson Freire, descobri a música e descobri a beleza.

Vinte anos depois, no dia 8 de julho, véspera de feriado paulista, estive novamente na Sala São Paulo. Muita coisa mudara. Estou sem cabelos e os dedos ainda mais duros. Estou no camarote ao lado de pessoas como Arthur Nestrovski e o novo maestro da Osesp, Thierry Fischer. Novamente, ouço Nelson Freire, eu e ele duas décadas mais experientes. Quando o vi, ele tinha quase a idade que tenho hoje. Continua tímido e o público sempre parece um desafio para o músico. Toda a angústia e o medo terminam quando nosso pianista maior começa. Um silêncio abissal reina, soberano. Surgem as primeiras notas e fala o Romantismo do século XIX com dedos do XXI. É um milagre. Eu choro de forma calma, feliz. Agradeço novamente a minha mestra franciscana que me introduziu na harmonia e no contraponto. Dedico internamente o recital a ela, que tudo me ensinou em música e na vida. Pensei, ao fim, no óbvio que todos desejam: *poderia pedir ao Arthur e ir fazer uma foto com Nelson Freire no camarim.* Depois pensei: *para quê? Ele já falou tudo e já me ensinou tudo. Melhor partir em silêncio, ainda em clima de comunhão com a experiência vivida.* Silente fui, grato e emocionado. O talento de Nelson Freire é mérito dele, a emoção de ter um brasileiro assim é nossa. A música que ele executa me faz querer ser melhor a cada nota, tornar-me menos mesquinho, impulsiona-me a descer da arrogância das pompas mundanas, despir-me do que nasce da minha insegurança e me elevar. Foi outra noite especial, como em 1999. Obrigado, Nelson Freire, por permitir que, por um breve período, gente comum como nós possa acessar a beleza. Viver é um privilégio repleto de esperança e de música.

O humano e o divino

Se sua religião não permite o riso, recomendo evitar esta crônica. Descrevo caso verídico e, quase sempre, a realidade é ofensiva para gente pudica. Siga por sua conta e risco. Perante todos os tribunais, posso garantir: tudo é expressão fiel dos fatos. Fora a tentativa de redação mais retórica, estamos diante da verdade.

Eu estava dando curso em uma pós-graduação no Sul. A instituição é católica e dispõe de uma capela no campus. Estudioso de arte religiosa e admirador de arquitetura sacra, dediquei o intervalo do almoço para conhecê-la.

A solução do espaço era de rara felicidade. Nem repetia algum neogótico estranho nem se aventurava em uma modernidade além do plausível. O espaço fora concebido em forma de tenda com um belíssimo mosaico junto ao altar. Vitrais modernos, claridade, luz e nosso olhar dirigido com habilidade para um vórtice ao alto. Tudo me agradou no ambiente cercado de verde. Fiquei ali por quase uma hora decifrando as imagens e lendo sobre o projeto na internet. O frio intenso da rua não chegava ao interior. Era um espaço silencioso e que convidava à reflexão.

Minha descoberta parecia ter outros adeptos. Jovens universitários entravam, persignavam-se, faziam genuflexões variadas (os códigos católicos têm menor padronização do que os de outros credos) e passavam alguns minutos imersos em oração.

Havia um suave entra e sai da sacra e silenciosa atmosfera. Um rapaz chamou minha atenção, pois entrou e ficou alguns metros à minha frente. Ajoelhou-se no chão de pedra fria e lá se quedou, extático. Era um asceta moderno, um penitente talvez, certamente um ser sem artrite ou problemas nas articulações. A "graça supõe a natureza", dizia o grande Tomás de Aquino, outro afeito a ambientes universitários e piedade. Já tendo tomado notas para uma futura escrita sobre arte sacra, eu apenas admirava a capacidade daquele fiel em permanecer tanto tempo com as patelas (as antigas rótulas) pespegadas à dura pedra.

Como diria um sábio confessor na minha juventude, "o inimigo é ardiloso". Quando eu já me preparava para sair do mundo diáfano e transcendente, o orante cometeu sonoríssimo flato. Foram sons prolongados, com variações de timbre e intensidade quase musicais, seguidos de repiques menores à guisa de contratema aos estampidos iniciais. A duração foi inacreditável e, graças à acústica do lugar, de efeito redobrado. Aquele som tão humano, seguido de acre e sulfúrica exalação pestilenta, surpreendeu-me muito. Era algo que não combinava com a cena, ou, usando o verbo que aprendi em São Paulo, não "ornava".

E o autor do "atentado"? Como ele reagiu à, digamos, "involuntária" confissão de humanidade? Nada parecia denunciar que aquela alma se perturbara com a interferência do corpo. Talvez sua mente flanasse entre coros de querubins, indiferente aos males da Terra, inclusive aos danos causados. Nenhuma reação, abismada leitora e estupefato leitor. Nada! Ele continuava de joelhos, mãos postas em oração e olhos cerrados. Nem sequer um discreto risinho, uma tosse ou um rubor, tão comuns em autores dessas infrações, denunciaria ser ele o réu incontestável do delito de lesa-sociabilidade. Estivesse lotado o ambiente e nunca se diria que partiu daquele místico tão pútrida emanação.

Saí às gargalhadas e, rindo, segui para a sala. Contei o caso a um amigo que levantou hipótese inaudita. E se a graça pedida com tal fervor tivesse sido, exatamente, essa? E se o foco da dedicação mística tivesse relação com o incômodo de um intestino preso e, tendo demonstrado a capacidade de sacrifício corporal, ele tivesse obtido aquilo que anelava? Não imaginaria tal dado, porém, se fosse verdade, eu teria presenciado uma ação direta do divino, ou, se preferirem, um milagre. O que meu olhar incrédulo supunha ser uma profanação poderia ser o atendimento de um sincero e justo desejo. Supus delito; poderia ser prece ouvida.

Nunca saberei se eu estive diante de alguém com incontinência gasosa ou uma pessoa agraciada por forças superiores. A capela continua lá, linda na sua singeleza. Alunos e professores passam rapidamente pelo local. Somente eu, aquele devoto e Deus fomos testemunhas do ocorrido. Sendo cético, em um processo de canonização futuro, meu depoimento teria um valor enorme. Como escreveu o poeta Gonçalves Dias, "Meninos, eu vi". Aliás, vi, ouvi, cheirei, fugi e ri.

O humano se insinua em tudo. Na teologia, o plano de Deus tece urdiduras complexas com a percepção dos homens. Sob "a espécie da eternidade", o que presenciei foi um sopro passageiro, com o caráter duvidoso da expressão para o caso. A religião é maior do que um cronista irônico ou até do que um orante flatulento. A piedade sempre superou as falhas individuais. Seria o caso de evitar o cacófato e deplorar "fé demais"? Deveríamos recriminar o rapaz pela conduta inadequada no local? Melhor perdoar com misericórdia o caráter humano, que, afinal, nos irmana e iguala. Ainda que nem sempre em locais sagrados, todos já imitaram o devoto. É preciso manter a esperança e, provavelmente, um pouco de humor.

O outro

Pai, mãe e filho entram no avião. Por algum motivo que desconheço, os três lugares da família estão nas poltronas B, no meio das outras. Estão separados. Talvez uma viagem de emergência, talvez uma falta de planejamento; não sabemos.

O pai pede à comissária que os reúna. Quase todas as pessoas que sentam junto à janela e ao corredor preferem tais lugares aos do meio. A poltrona B é pressionada de dois lados, não tendo a graça e o isolamento da janela nem a praticidade para ir ao banheiro ou sair do assento de corredor. A poltrona B é o patinho feio por excelência. Em um voo internacional longo, é ainda mais torturante. A família é toda B. Situação incômoda, mas o voo tem duração de quarenta minutos e, suponho, a unidade familiar deve sobreviver até o fim. O filho deve ter uns 16 anos; imagino até que estar em uma poltrona sem genitores deva conter alguma alegria passageira naquela faixa etária.

A trupe se faz notar pela insistência em voz crescente. O pai demanda lugares unidos. Ninguém deseja abandonar sua escolha. O pedido paterno é ignorado ou recusado por todos. O homem insiste e vai até as poltronas finais do avião. Lá, encontra alguém que está bem situado no corredor, no entanto, acredita ser vantajoso sair da 26C para avançar até a 3B. Sentará no meio, porém sairá do avião antes do que previra. As tratativas são longas e a habilidade diplomática do patriarca não garantiria uma carreira sólida em meio a negociações internacionais. Por fim, atrasando a partida de todos, reorganizando alguns assentos e reclamando muito, a família pode estar lado a lado. O jovem mergulha no seu celular, o pai liga um filme no *tablet* com fones de ouvido e a jovem mãe afunda na revista de bordo e olha, solitária, pela janela tão arduamente conquistada. Estão, enfim, reunidos e podem viajar sem trocar uma única palavra até o fim.

"Não sou solidário e cuido apenas de mim" é prática muito popular no Brasil. A descoberta do outro é um desafio. O europeu médio tem grande habilidade em considerar que o problema do outro é dele. A expressão "o que eu tenho com isso?" pode ser traduzida pelo clássico francófono "*Je suis désolé*" ou, nas Ilhas, por "*I'm so sorry*". Ambas querem dizer, por vezes, "morra e não encha meu saco!". É uma espécie de sentimento duplo e contraditório: não falo ao celular no trem porque atrapalha os outros e não colaboro com o que não seja estritamente minha obrigação.

Temos um jogo distinto na média da cultura brasileira. Meu problema deve ser o de todos e, muitas vezes, consideramos obrigação ajudar estranhos. Muitos acham que é um dever moral a solidariedade ou a compreensão de necessidades específicas. Outro detalhe: em décadas de uso intenso de aviões e aeroportos, eu jamais vi alguém se enganar sobre a fila de embarque indo para a mais demorada. Sempre, sem exceção, alguém promove um *upgrade* pessoal e ilegal. Pasmem, queridas leitoras e caros leitores, na maioria absoluta das vezes, o "engano" funciona.

O Outro é um conceito de antropologia, aquele que define a diferença, a relação de alteridade. Na prática, construir quem é o Outro implica, na maior parte das vezes, determinar quem merece ou não ser ajudado, quem pode ser alvo da nossa compaixão. Quase sempre, nossa solidariedade é dada pela nossa identidade. Nesse campo, haveria três categorias: A – sou solidário com toda a espécie humana; B – sou solidário com quem está próximo de mim pela situação (mãe, pai, gestante, idoso etc.) ou pelo grupo (outro evangélico, um militante de alguma causa, alguém com a mesma deficiência que a minha ou alguém da família); C – não sou solidário e cuido apenas de mim. Os itens A e B são narcísicos, baseados na identidade de si projetada sobre o outro, ainda que o A tenha amplitude mais desejável. Santos e humanos notáveis são adeptos do item A, por vezes ampliado para todo ser vivo.

Curiosamente, adeptos dos itens A e B são um pouco mais invasivos e zelam para que a compaixão seja norma, mesmo que incomodando alguém da categoria C. A categoria C é vivida de forma mais velada no Brasil, entretanto, é muito popular. Temos antipatia pelos seres voltados a si, ainda que difiram de nós em menos coisas do que gostaríamos. A vasta categoria C é pouco social, ainda que igualmente menos invasiva. Seu "viva e deixe viver" confunde liberdade com indiferença, autonomia com egoísmo. É muito complexo identificar os casos nos quais devemos deixar o Outro viver por si ou aqueles em que devemos ajudar ou até impor alguma medida de compaixão. Suspeito que todos nós que somos obrigados a fazer coisas para ir ao encontro das necessidades alheias temos uma secreta inveja dos habitantes do item C.

Em toda família existe o irmão que cuida mais dos pais idosos e aquele que vive sua vida sem se importar se falta algo material ou afetivamente. Entender a tensa relação entre o filho pródigo, que se vai entregue ao seu egoísmo, e aquele que fica dedicado à família é compreender como funcionamos como espécie. O mais curioso é que Jesus, no texto de Lucas, capítulo 15, defende o que se vai livre e volta arrependido e não parece simpático ao que fica imerso nas virtudes familiares e rancoroso com a liberdade do que partiu. É preciso ter esperança e pensar no grupo A, pelo menos de vez em quando.

A dor da Mãe

Entre os 20 e os 40 anos, quase todos nós enterramos nossos avós. Entre os 50 e 70, assumimos o doloroso dever de acompanhar o funeral de nossos pais. A partir de então, frequentamos exéquias de amigos com a crescente desconfiança de que a fila anda rápido e de que nossa vez se aproxima. Isso incomoda, porém, como advertiu o rei Cláudio ao enteado Hamlet, faz parte do ciclo da vida: "Manter-se em obstinado luto é teimosia de ímpia obstinação".

Talvez fosse mais fácil para Cláudio sair do pesar, afinal ele era o assassino e o beneficiado da morte do irmão. Há um fato maior do que o fim da vida de avós ou pais: quando a mãe enterra um filho. Como escreveu Chico Buarque na dilacerante canção "Pedaço de mim" (1977, PolyGram): "A saudade é o revés de um parto. A saudade é arrumar o quarto do filho que já morreu".

Nossa Senhora das Dores é a materialização do instante em que a escala de dor chega ao zênite. Pode ser a jovem Maria de Michelangelo ou a angustiada e dramática Maria do filme de Mel Gibson, *A Paixão de Cristo* (*The Passion oh the Christ*, 2004), que, com suas vestes, limpa o sangue da flagelação. Dezenas de autores criaram música para os versos medievais: "*Stabat Mater Dolorosa, Juxta Crucem Lacrimosa*" [de pé a mãe dolorosa, junto à cruz, lacrimosa]. O mais famoso foi Pergolesi, no entanto, o tema inspirou o Padre Vivaldi, Domenico e Alessandro Scarlatti, Haydn, Schubert e até Poulenc. Eram compositores católicos, claro, mas todos tiveram mãe, e a cena só não comove um "filho de chocadeira".

A Pietá, Nossa Senhora das Dores, Virgem da Soledade, Maria das Lágrimas: a Mater Dolorosa foi denominada de muitas maneiras. Aleijadinho a faz atravessada por sete espadas, como vemos no Museu de Arte Sacra de São Paulo. O velho Simeão havia dito (Lucas 2, 35), ao ver o bebê, que uma dor aguda trespassaria o coração daquela jovem mãe. Uma espada ou sete (incluem-se aqui as dores de fugir para o Egito, perder-se do Filho aos 12 anos, a flagelação de Jesus etc.): a imagem é pungente. A maior de todas é o momento retratado por Michelangelo: com o Filho morto ao colo. Uma maternidade fúnebre acontece: ela é mãe e, como diz a tradição teológica, gerou quem a criou. A mãe agora vê a Vida anunciada (como caminho e verdade) sem sopro vital. O momento pessoalmente terrível e teologicamente dilacerante: quem prometeu salvar todos naquele fim de tarde de véspera de Páscoa estava ali, inerte, ensanguentado, aparentemente sem nenhum poder. Exigia-se de Maria duplo esforço: suportar a dor destrutiva de ter um filho de 33 anos assassinado, o Jesus que ela recebera com surpresa naquele fim de tarde com o anúncio do arcanjo Gabriel, e a imensa dor divina de ver o Salvador desamparado, sem força, morto, inerte e questionando, com seu cadáver, o poder das promessas feitas. A alma da mãe e a personalidade cristã de Maria estavam sofrendo. A Virgem das Dores, cuja festa é em 15 de setembro, é um episódio de deserto, uma provação, uma aguda capacidade de continuar acreditando contra as evidências materiais visíveis.

Dias mais tarde, já tendo retornado ao mundo dos vivos, Jesus recriminaria Tomé porque só acreditou vendo e louvaria os que podem crer sem ver (João 20, 29). Crer sem ver é a essência da fé. O ordálio de Maria é ainda mais duro:

ela via e sentia o corpo frio do Filho, tocava na morte, e precisava pensar que, dali, surgiria a vida eterna, a água viva do poço da samaritana, o Messias em sua glória, a fonte de redenção. Assim, usando uma construção quase imitativa do grande Padre Vieira: Tomé viu e acreditou, são bem-aventurados os que não viram e ainda assim acreditam e, por fim, torna-se corredentora da espécie humana aquela Virgem que, tendo enxergado o contrário do que sua alma indicava, continuou firme na fé. Há os que acreditam porque receberam a graça de um milagre e há os extraordinários, como Maria, que acreditam com todas as negativas ao seu redor. Ela fora a Virgem do Silêncio, a que meditava continuamente nas palavras em seu coração (Lucas 2, 19). Tendo testemunhado com serenidade as provas positivas da fé com o poder do Filho, agora, no deserto das evidências, na solidão do Gólgota, diante do espaço terrível, com Jesus morto ao colo e os cadáveres de dois ladrões ao lado, ela permanece fiel, com dor, crente, com angústia, devota, com absoluta e inatingível capacidade de continuar dizendo sim a um plano que sempre excedeu sua compreensão.

Não sou um homem de fé, todavia admiro imensamente a cena e seu conteúdo angustiante. Não se trata de religião, porém de humanidade. Como manter convicção em tudo quando o mundo desmorona? Eu, que me abalo quando o encanador se atrasa, que me irrito com um sinal que não abre no trânsito; eu, imerso na minha mediocridade cotidiana e no meu rancor vaidoso, tenho de parar ao entrar na Basílica de São Pedro, olhar para a direita e pensar em Jeremias (Lamentações 1, 12): "Olhem para mim! Será que existe uma dor igual à minha?". Não há. Mãe com Filho morto excede tudo. Em dias em que tantos acreditam apenas quando recebem graças abundantes, Jeremias, Jó e Maria trazem uma espada aguda para o coração humano: há tantas lições na tragédia como há no júbilo. Existe uma Nossa Senhora da Glória porque houve uma Maria das Dores. É tão difícil de entender? Talvez por isso não sejamos santos, mas, claro, podemos ter a esperança de melhorar.

O mistério do bem-casado

Há algum tempo, fui a um casamento do estilo "evento da década". Era a reunião de duas fortunas enamoradas. Os noivos refulgiam dinheiro e felicidade. Os dentes, o corpo, as roupas, tudo dizia de forma elegante e forte: nós somos parte de um grupo pequeno. Os convidados seguiam, quase todos, a mesma toada. A igreja transbordava em cascatas de orquídeas refinadas. Resolvia-se, ali, um mistério histórico: onde foi parar o ouro extraído de Serra Pelada? Estava nos adornos dos colos belíssimos e pulsos refinados. O PIB brasileiro se encontrava sob afrescos que pretendiam reproduzir a Capela Sistina. Dinheiro tradicional fala baixo no tom de voz, todavia não deixa que alguém se engane. Ali, o imenso rio da riqueza colonial, reforçado por tempestades e cascatas no Império e na República, desaguava o caudal de séculos de acumulação.

A festa que se seguiu foi ainda mais impactante. A decoração remetia aos jardins suspensos da Babilônia. O banquete era sofisticado e, claro, outra característica do dinheiro antigo: pouca gente comia. Bebia-se mais daquele líquido que um abade dizia ser a capacidade de "engarrafar estrelas". Ricos são escassamente afeitos à comida. Eu, que de tudo pegava um par, como Noé preenchendo a arca, observava as pessoas que beliscavam aqui e acolá sem entusiasmo. A riqueza é frugal no consumo e opulenta na oferta.

Os noivos estavam genuinamente felizes. Ricos de verdade não escancaram dentes, apenas sorriem. Gargalhadas indicam CPF fraco. Quando digo rico, não me refiro a gente como eu que, de quando em vez, compra uma passagem executiva ou, tendo recebido uma viagem paga pelo trabalho, adiciona alguns dólares e ingressa como penetra na primeira classe. Não, querida leitora e estimado leitor! Não falo de gente comum da classe executiva ou bissextos da primeira como eu sou ou fui. Refiro-me aos que têm o próprio avião e jamais supuseram viajar de outra forma. No máximo, em algum momento, tiveram de tomar um voo comercial, mas sempre entraram para o lado esquerdo, em direção à "reserva natural" onde a vida pode existir livre mais à frente. E mais seleta...

Ao contrário do que imagina o senso comum, o dinheiro tradicional e grande não é arrogante por natureza. O novo-rico pode ser, a classe média com frequência é: o aristocrata endinheirado é muito agradável e cordato. Ele sorri para o atendente e diz algo simpático. Por vezes, sinto que se trata de um experimento antropológico, da gentileza do pesquisador no meio da ilha de Samoa. Um médico amigo meu disse, em uma viagem, que os milionários têm um interesse genuíno, porém limitado, em pessoas como nós. Observam-nos, conversam, sorriem, tentam entender nosso mundo e, logo depois, se cansam.

A música era linda, a bebida impressionava, as conversas, leves e boas, porém, eu precisava ir embora. Era um dia de semana. Festas muito elegantes ocorrem durante a semana. Ao sair, uma mesa com decoração impactante apresentava outra maravilha: pirâmides de bem-casados. Uma especialista mineira era a autora, as embalagens denunciavam um trabalho de ourivesaria em papel, e o monte proclamava: "Comam-me"! Algumas pessoas saíam comigo. Reconheci, ali, o controlador de um banco, uma patronesse de artes, um empresário de prestígio. Surpresa: todos locupletavam os bolsos dos ternos e as bolsas com os bem-casados. Claro, eram pessoas que poderiam comprar a doçaria da artesã mineira; alguns, talvez, todo o estado de Minas Gerais. O que levava a essa súbita voracidade? Levar um amuleto de felicidade para casa? Comer escondido com requintes de glutonaria (o que não fora feito até então na festa)? Ou, simplesmente, a visão da abundância despertava um mundo novo mesmo para quem possuísse centenárias raízes douradas?

O bem-casado é um mistério. Um pão de ló e doce de leite. São Lúcio e Santa Bona, italianos casados e felizes, foram, talvez, a inspiração para os bem-casados. Vi uma imagem deles no Largo da Carioca, na Igreja de Santo Antônio. Marido e mulher unidos por uma camada de doce de leite que os aproxima e aperfeiçoa. O doce despertou genéricos contemporâneos como "bem-formados", "bem-vividos" etc. Liberalidades de uma terra de açúcar e delícias como o Brasil de base lusitana.

Bem, os deliciosos bem-casados tinham conseguido quebrar a formalidade da corte aristocrática. Sim, os abastados convidados arriscavam o terno caro e a *clutch* fabulosa da dama com guloseimas afanadas. Talvez, a última avara seja forte. O responsável pela mesa afirmava que a quantidade prevista implicava tal hipótese. Como ele me segredou: "Professor, tanto faz o dinheiro, todos enchem a mão com bem-casados". Fiquei feliz: o Brasil não se entende na política e o ressentimento social é gigantesco por aqui. Com razão. E... se começássemos a distribuir bem-casados para todos? Melhoraria o nível? Nós nos tornaríamos irmãos no doce, iguais diante do bolinho, mais do que na lei? Não sei, porém comer é ótimo, e eu amo bem-casados. Os noivos seguem felizes até hoje, e eu engordei um pouco, porque também enchi meu terno com a iguaria. Para ter esperança, às vezes, é necessário comer um doce.

Jesus seria de Capricórnio?

Jesus não nasceu em 25 de dezembro. A data foi decidida muito tempo depois e tinha um pouco de aleatório e uma vontade de incorporar uma festa pagã (Sol Invicto) ao calendário cristão. Jesus não era do signo de Capricórnio.

Quando Constantino legalizou, no ano de 313, o novo culto cristão, temos dúvidas se ele instituía um monoteísmo claro ou se aceitava partilhar a divindade com o carpinteiro galileu. As inscrições do arco triunfal do filho de Santa Helena, em Roma, possuem certa ambiguidade, como se o imperador divinizado declarasse a proteção de outro ser não humano para amparar seu trono.

Então, quando Jesus nasceu de fato? Sabemos que fazia frio na data, porém o nascimento de Messias era uma festa irrelevante em todo o período inicial do cristianismo. Celebrava-se a Páscoa com fervor, não o Natal. As pinturas das catacumbas dos anos iniciais do novo culto mostram o bom pastor, Jesus parecido com o deus Apolo, cruzes ou o cordeiro; jamais a manjedoura ou o menino recém-nascido. Aliás, comemorar aniversário foi considerado ato quase sacrílego no início do cristianismo, atitude de bárbaros e pagãos.

Mesmo em períodos posteriores, celebrava-se mais o dia do santo patrono da pessoa do que a data de nascimento do fiel.

A figura do Deus-menino, portanto, da possível celebração de seu nascimento, é muito posterior. Nas Virgens românicas, Ele é mais um adulto pequeno do que uma criança. Nas imagens góticas, aumenta o olhar de doçura de Maria e o filho vai se tornando mais uma criança. No Renascimento, desponta a plena infância do Salvador. Os presépios (atribuídos a São Francisco na Úmbria do século XIII) aumentam a idade do aniversariante. Quase nunca parece um recém-nascido, todavia uma criança de 2 anos ou mais, com ternos braços abertos. O melhor menino Jesus, claro, é o de Fernando Pessoa: "Poema do menino Jesus". Vale a pena ler o texto no Natal. É um Jesus encantador. Há os estranhos também. Perdoem-me os devotos: acho muito assustadora a figura do "Menino Jesus de Praga". Há um, particularmente sinistro, na Basílica do Mosteiro de São Bento, em São Paulo. Disseram-me que a figura foi engastada ali, por promessa de um abade, sobre uma bomba. Nunca conferi o dado.

Jesus não é de Capricórnio, sabemos. Era imaginativo e humanista. Como ele nasceu em uma noite gelada, podemos pensar em algo entre outubro e março naquela região. Ele poderia ser aquariano, mas isso seria narcisismo meu, querendo o Salvador do mesmo signo que o deste cronista. Quando ele vira mesas no templo de chicote na mão, parece um sagitariano possuído pelo fogo. Sua densidade mística e sensibilidade indicaram um pisciano. Ele chorou algumas vezes nos Evangelhos (morte de Lázaro, sobre Jerusalém etc.). Isso dá mais argumento para Peixes. Hipótese final: o Messias teria nascido na última semana de Libra. Acho que não. Seus gestos são pouco conciliadores e a estética não era dominante na sua vida.

Meu voto iria para um Jesus aquariano ou pisciano com rompantes sagitarianos, talvez um ascendente nessa casa. A pista da temperatura da data afasta hipóteses como Touro, Leão, Câncer, Virgem. Como há primaveras que tardam, cintila uma vaga hipótese de Áries. Da mesma forma, invernos precoces ou outonos rigorosos poderiam indicar Escorpião, um Salvador feito de água densa.

Quem poderia responder bem à questão seriam os magos do Oriente, que, afinal, perscrutavam os céus e as estrelas buscando sinais indicativos para a ação a partir dos signos. Na prática, como toda a antiguidade, combinavam astronomia e astrologia. Seguiram uma estrela (um cometa?) e traçaram uma certeza que justificava três presentes simbólicos: ouro, incenso e mirra. Os sábios (futuros "reis magos") também eram sensíveis a sonhos premonitórios e evitaram voltar a Herodes. Liam o mundo material pelos céus. Inauguravam uma associação entre o cristianismo e a astrologia que duraria séculos. Em igrejas antigas havia os signos do zodíaco representados. Isso não era considerado ímpio, pelo contrário. Papas tiveram astrólogos por séculos. Depois, por motivos que excedem nosso espaço, tudo mudou.

Não, meu caro leitor e minha querida leitora, não tenho convicção alguma de que seja possível uma arte da personalidade a partir de tipos zodiacais. Todavia considero uma conversa interessante e divertida. Amei os capítulos de Keith Thomas sobre a crença em astrologia no clássico *Religião e o declínio da magia* (Cia. das Letras, 1991).

O campo do debate é amplo. Seria Jesus de fato Deus ou um simples profeta? Seria um ser especial e iluminado pelo verdadeiro poder do Alto como querem nossos irmãos islâmicos? Seria a segunda pessoa da Trindade, o verbo que se fez carne e habitou entre nós? Talvez um ser humano com uma ideia incrível de melhoria da vida em grupo? Um membro de algum grupo judaico específico como os essênios, verdadeiros monges antes da existência do monaquismo? O filho de José e de Maria pertenceria a uma vertente religiosa do mundo hebreu que pode ser identificada no rabino Hilel e na busca do amor e do perdão como mandamentos supremos da Torá? Seria um humano que aprendeu muita coisa na Índia durante seus anos "obscuros", dos 12 aos 30? Seria um homem santo do mundo indiano influenciado por pressupostos budistas? Até extraterrestre já foi identidade atribuída a Jesus. Eu apenas tenho uma certeza, clara, cristalina, científica e confortante: Jesus não era de Capricórnio. Se você não gostou da crônica, eu já sei, há uma chance enorme de você ser de Capricórnio, gente de um realismo irritante e com pouco senso de humor. Resta a esperança de aquarianos e librianos.

De quem é a história?

Para terminar nosso raciocínio e para dar sentido à reflexão até aqui, vamos finalmente ao ponto: vivemos novamente o perigo do negacionismo histórico. A história é viva, o passado não é imóvel e a memória pode ser dominada por interesses estranhos.

Hoje em dia, é muito comum ler ou ouvir que a história foi escrita por gente de esquerda que manipulou o passado para criar uma narrativa que lhe servisse. Há verdade parcial no argumento. De fato, o Brasil carece de bons pensadores de direita, que tenham criado linhas racionais e sistemáticas de reflexão. Interrompe-se aí a verdade da frase. Se escola sem partido tivesse razão e todos nós fôssemos doutrinados, ao menos teríamos alguma memória histórica: a dos vencedores. Já argumentei que nem isso temos. No Brasil, há uma excelente historiografia, pesquisas realmente inovadoras e obras-primas. Há muitas coisas ruins também. No meio disso, deve haver pessoas tentando doutrinar, porém morrem na praia, acredite. Não há narrativa consensual sobre o passado. Nunca deveria haver. Evaldo Cabral de Mello debateu muito e publicamente com José Murilo de Carvalho. O segundo é um monarquista; mais conservador em algumas posições, portanto. O primeiro sempre se ressentiu – com alguma correção – de que muito do que se chama de história do Brasil no século XIX é, na verdade, a história do Rio de Janeiro, com uma perspectiva da Corte. Ambos são gigantes da historiografia com livros incontornáveis. Era lindo acompanhar os debates. Nenhum deles negou a importância da família real ou da escravidão para nossa história. Viam sob ângulos distintos, porém ambos evitavam a cegueira.

Outros lugares têm suas disputas também. Quer entender a Revolução Industrial? Leia Hobsbawm, historiador marxista genial e longevo. Leia também David Landes, um liberal, e seu monumental *Prometeu desacorrentado*. Ambos darão ênfase a questões distintas e discordarão em pontos centrais, como o papel dos cercamentos ou quem compunha a mão de obra operária. Nenhum dirá que a Revolução Industrial não existiu ou que seus efeitos não foram intensos.

O caro leitor e a querida leitora mais atentos já devem ter percebido meu ponto. Uma coisa é o enfoque, a discussão, o novo despertar de olhares a partir de novas questões do presente. Outra, completamente distinta e muito perigosa, é negar o passado ou escrever uma versão alternativa para ele sem base documental qualquer. O passado, por não ter dono, não é estável, está sempre em disputa. Sempre importante lembrar: não se pode tudo.

Um longo e custoso processo montou alguns alicerces de nosso mundo no pós-Segunda Guerra. Direitos humanos, civis, sociais, políticos, a condenação do racismo, da homofobia, a igualdade entre gêneros. Todas essas invenções (pois não existiam antes de 1948, ao menos não como um grande consenso mundial) foram forjadas com muito sangue, suor e lágrimas. Nos anos 1980, um primeiro ataque, filho da crise daquela década, passou a negar a existência do Holocausto. O negacionismo é sempre filho de crises. Quando tudo vai bem, raivosos são silenciosos. Qual é o interesse de negar algo tão documentado (por nazistas e por seus inimigos)? Ao inventar um passado sem Holocausto, se inventava um passado que validava o racismo contra judeus ou que era mais leniente com o nazismo. A Europa respondeu de várias formas, mas em muitos países se tornou crime negar o Holocausto.

Hoje em dia, em clima de nova "bolharização" e ainda lidando com efeitos da brutal crise de 2008, voltamos ao fantasma do negacionismo histórico, por vezes referido como revisionismo. Voltamos a ouvir que dizer que o Holocausto não existiu é liberdade de expressão. Junto disso, que a escravidão foi branda e benéfica para os negros; que ela já era praticada na África, logo, os europeus não tiveram nada com isso. Que não houve ditadura. Temos canais de YouTube, com autodenominados filósofos/historiadores e toda uma sorte de pessoas que se acostumaram a dizer que esse negacionismo é apenas uma resposta "sem ideologia". Essas leituras do passado não são, em si, nem de direita nem de esquerda. São, perigosamente, negacionistas. Negar não é tomar outro lado da história, é querer que a história tenha somente um lado, uma voz, distorcida e fantasiosa, portanto.

Existem narrativas variadas com enfoques variados e isso é ótimo. Impossível deixar de ler, se for do seu interesse, *Memórias da Segunda Guerra Mundial*, do conservador Winston Churchill, autor e ator do momento dramático. A Revolução Francesa precisa, para ser bem compreendida, da pena do liberal Adolphe Thiers assim como da do socialista Louis Blanc. Robespierre foi herói ou ditador terrível? Varia se o autor for Eugène Despois, Alexis de Tocqueville, Ernest Renan ou Albert Soboul. Importante: nenhum deles negou que houve guilhotina durante o Terror. A história profissional pertence a todos que a pesquisam com método, senso crítico, bons arquivos, formação teórica e honestidade. O defeito de coisas como negacionismo do Holocausto ou da ditadura não é de método, todavia de caráter. Muita esperança e boa história, sempre!

A areia que forma a pérola

Norman Mailer foi um genial jornalista e escritor norte-americano (1923-2007). Junto a Truman Capote (1924-1984), faz parte de uma geração que aliava boa investigação com incrível talento descritivo. Lendo um prefácio de Patrick Pessoa ao texto de Ana Kutner (*Passarinho*, Cobogó, 2018), encontrei essa citação de outro grande autor, Gore Vidal: "Eu era um aristocrata refinado de Manhattan. Norman Mailer era um judeu pobre do Brooklyn. Ele teve todas as facilidades que eu não tive para se tornar um grande artista". Parece uma piada, porém é uma intuição genial.

O dinheiro e a estabilidade favorecem estudos e bom ambiente. A matéria-prima do escritor (ou do artista em geral) é a vida, e as biografias costumam ser mais complexas em meio a crises e desafios. Façamos uma distinção: se você deseja crescer no mundo do capital e dos investimentos, pertencer a uma grande família ajuda bastante. Seus colegas do jogo de polo ou amigos do colégio bilíngue podem ser uma rede de relações férteis. Antigamente, chamava-se meio social; hoje, é mais conhecido por *networking*. Quem aprendeu inglês cedo, viajou, viu o mundo de um camarote alto é preparado para pensar estratégias elevadas. Pode ser – apenas pode ser – que isso desenvolva um excelente ponto de partida para o sucesso. Existe meritocracia, mas o meio condiciona, ainda que não determine. Trabalhei entre alunos privilegiados e sei que o dinheiro da família não é suficiente para o sucesso, todavia ajuda muito. Historieta real que ouvi há alguns anos: uma talentosa e aristocrática arquiteta de São Paulo dizia ter contratado no seu escritório todas as colegas que tinham sido alunas geniais na USP. O cliente que queria um elaborado projeto de decoração confiaria mais em buscar a filha de um amigo do golfe ou próxima das filhas em Aspen do que alguém que dominasse perfeitamente uma comparação entre Le Corbusier e Lloyd Wright. De novo, origem condiciona, nunca determina. Temos boas exceções contra a história anterior. Ressaltemos: exceções...

Distinto o campo da criação literária ou das artes em geral. Daí entra o chiste de Gore Vidal. O olhar original de criação, a sensibilidade, os paradoxos e o novo olhar não amortecido pelo conforto cotidiano costumam ser estimulados pelas crises. Norman Mailer vivera como o clássico judeu pobre de Nova York (mesmo tendo nascido em Nova Jersey). Vidal sempre manteve a ironia aguda, algo comum entre aristocratas. Mailer teve origem simples e lutou muito. Ambos tinham uma ironia, mais sutil em Mailer e abundante no outro. O recurso irônico é um distanciamento do mundo, quase uma defesa. Poderia ser simplista (ainda que correto) supor que parte da ironia de Mailer vinha de ser um *outsider* pobre e judeu no mundo sofisticado de Manhattan. A de Vidal viria da sua homossexualidade? Difícil saber. Para o autor da frase, a pobreza familiar do colega escritor era um impulso, um fator decisivo.

O grande público gosta de regras gerais que expliquem sistemas amplos. Elas facilitam muito a apreensão do mundo. "Todo império cai por causa de..." ou "o Brasil foi formado pela soma de três culturas: indígena, negra e portuguesa". As frases são boas. Quando se vai a fundo, encontramos tantos buracos em recortes amplos que eles ficam melhores na conversa de jantar leve. Porém... vamos lá. Seria uma regra a dificuldade de ser um lapidador de talentos literários?

Machado de Assis era negro e pobre. Cruz e Sousa tinha escravos em sua ascendência. A grande Conceição Evaristo nasceu na periferia de Belo Horizonte. Carolina Maria de Jesus lançou seu olhar agudo (*Quarto de despejo*) a partir de um ambiente quase ágrafo. O que dizer do imenso Lima Barreto? Todos negros e negras de origem humilde e de talento incontestável. Seria isso que formou seu olhar original? Machado teve um começo árduo e cresceu socialmente. Lima Barreto viveu no limiar da miséria e do alcoolismo quase sempre. Nascer fora de grupos de elite? Também poderíamos dizer de Clarice Lispector, imigrante russa-ucraniana-judia que enfrentou desafios enormes. Viva a turma de Mailer!

Aí vamos além da conversa social... Ariano Suassuna era filho do governador da Paraíba. Oswald de Andrade viveu e cresceu na aristocracia milionária cafeeira. Sentiu a crise já maduro. A grande Lygia Fagundes Telles não nasceu entre milionários, mas a mãe pianista e o pai procurador e promotor público garantiram estabilidade. O tio fazendeiro de Guimarães Rosa patrocinou os estudos do autor, da Medicina à diplomacia. Cecília Meireles tinha pai funcionário do Banco do Brasil e cedo viajou pelo mundo. Há gênios de origem aristocrática, de classe média e de origem humilde.

A origem social não explica autores. Quantidade de melanina também não. O que parece ser comum a todos é uma originalidade do olhar, uma maneira de ver o mundo, uma capacidade de distanciamento que pode ser, talvez, a infância solitária de Cecília Meireles ou a dor social de Lima Barreto ou a densidade interna de Clarice Lispector. Havia milhares de pessoas na favela, porém só Carolina Maria de Jesus olhou para seu mundo e colocou no papel, com erros, inclusive, mas escreveu (e com estilo próprio). Certo distanciamento de tudo e um impulso de colocar por escrito o que angustia são uma marca de todos. Lembrando, primeiramente, que Mailer e Vidal foram, ambos, grandes autores. Por fim e fundamental: boa escola pública ajuda muito jovens talentos. Sem educação pública, seca o córrego da esperança.

A tentação do clichê

Mestre Houaiss começa definindo pelo sentido tipográfico: "placa de metal, geralmente zinco, gravada fotomecanicamente em relevo, obtida por meio de estereotipia, galvanotipia ou fotogravura, destinada à impressão de imagens e textos em prensa tipográfica". Depois, emerge o figurado: "frase (frequentemente rebuscada) que se banaliza por ser muito repetida, transformando-se em unidade linguística estereotipada, de fácil emprego pelo emissor e fácil compreensão pelo receptor". Para os franceses, o simpático acento agudo que fecha a pronúncia da vogal "e": cliché. São os pais da palavra.

A definição dicionaresca apresenta três eixos importantes para entender o clichê e sua fortuna crítica: é usado em demasia, é pretensioso e... comunica bem. A eficácia e a facilidade do uso explicam o sucesso. O público será mais feliz se ouvir algo conhecido do que se for desafiado com um termo novo. Sempre haverá mais pessoas comuns que nos ouvem do que críticos especialistas em originalidade da linguagem. A banalidade triunfa pela eficácia. Bordões animam tropas. Slogans comunicam. O lugar-comum é um lugar quentinho...

Pensei no termo em uma palestra recente. Minha fala terminaria o encontro. O locutor, em voz pausada, proclamou "Para encerrar nosso evento com chave de...", e o público completou "ouro!". Desfecho inevitável. A metáfora é ruim: o ouro seria um péssimo material para uma chave. Metal maleável, tornaria o uso difícil. Não seria a exatidão metalúrgica ou a falta de originalidade que embasariam o uso, todavia a eficácia comunicativa. Mais: todos conheciam, repetiram em uníssono, houve empatia entre mestre de cerimônias e público, e o monocórdico realizou uma comunhão sempre contagiante. Jamais funcionaria "fechar com chave de ferro" ou "lacrar com código alfanumérico". Além do poder comunicativo, o clichê serve como recurso retórico de encerramento de discurso ou de texto. Ele conduz a um fim inevitável, como uma tradicional novela mexicana: a redenção da mocinha é sabida e, não obstante, aguardada com ansiedade. Chegar ao local conhecido (um falante mais culto diria um tropo) costuma trazer grande alegria.

O clichê é atemporal. No mundo da eletricidade ou das forças nucleares, dizemos que a empresa vai "a todo vapor" como se estivéssemos em uma fábrica do século XVIII. O que ainda será movido pelo vapor? Com tantos conflitos em curso e muito mais trágicos do que os clássicos, evocamos Homero ao tentar "agradar a gregos e troianos". Em mundo de glabros, "colocamos as barbas de molho". Apesar de bólidos espaciais poderem estar navegando há muito tempo, falamos de uma "carreira meteórica". Falamos que houve uma "sonora vaia". Existiria uma discreta? "Buhhh", bem baixinho, para que ninguém escutasse? Cena patética. Quem vaiaria de forma mínima? Pouca gente liderou uma récua, mas todos já "deram com os burros n'água". De todos, o "vivendo e aprendendo" talvez seja o pior, pois diz tudo sem afirmar nada, além do gerúndio obsessivo. Sim, sempre estamos vivendo e aprendendo e esquecendo e morrendo um pouco. Uma pororoca irrefreável de jargões.

Há jornais que proíbem, em manuais de redação, pérolas do tipo "calor senegalês", "tríduo momesco" ou "coroar-se de êxito".

Reconheço: há muita pompa no clichê e, igualmente, muita força. Como resistir à sua força? Ele é sábio sem nada dizer, bem arrumado sem originalidade, infalível contra o erro, bem-aceito. Quando falo "era uma vez", eu uso um lugar-comum, óbvio, porém ele prepara o público e cria um clima conhecido e esperado. O clichê é uma tentação suprema. Como introdução ou fechamento, é inexcedível. O único defeito do clichê é... ser clichê.

O jogo termina em 7x1 e dois torcedores se contemplam. Nada resta por dizer. Dor e humilhação nacionais. Se o vazio retórico se instalou, lá está ele, rápido, certeiro e confiável. Nosso amigo desponta na conversa: "O futebol é uma caixinha de surpresas". O que não seria? Casamento? Política? Bebês? Mais curioso, usar a não surpresa (o clichê) para caracterizar o inesperado. O futebol surpreende. A crônica sobre ele, raramente.

Estamos quase "condenados" ao uso do clichê. Pode ser atenuado, parcialmente evitado, porém, como um parente indesejável, ele surge de "mala e cuia" (um clichê regional) à sua soleira. A gíria ou o palavrão cumprem o desiderato do Eclesiastes: tudo tem seu tempo e sua hora. A volta do recalcado, ele, o lugar-comum, repara a rachadura da parede discursiva e aplaina o que faltava escrever ou dizer.

Fico em dúvida sobre dar um exemplo final menos delicado, todavia divertido. Peço desculpas e, se o dileto amigo e a iluminada amiga forem muito sensíveis, advirto que interrompam a leitura por aqui. Se seguirem, que o façam por "sua conta e risco". Tive um bom professor de estilo e de escrita. Austero, evitava termos chulos e se pronunciava de forma muito sóbria. Um dia (talvez fosse cansaço, o sol a pino ou o desgaste de material das sinapses), ele ouviu uma réplica de um aluno que escrevera "via de regra": "Por que o senhor riscou de vermelho?". O mestre empertigou-se, mexeu nos óculos, mirou o infrator e disse de forma direta: "É uma expressão expletiva, nada acrescenta. Retire-a e verá que não faz falta. Via de regra é vazia". Meu colega, mais rebelde do que inspirado, redarguiu. Insistiu que era bela e boa. Lançou nova investida: "Não poderia deixar de ser expletiva?". O professor desistiu dos caminhos semânticos e disse: "Sim, quando for vagina, aí 'via de regra' será fática". Se você não entendeu logo, alegre-se. Nós só rimos depois de um tempo. Manter a esperança será um clichê?

A primavera troglodita

O corpo precisa ser domesticado e curvado às regras de civilidade. A Idade Moderna trouxe esse imperativo para as rodas aristocráticas. O livro *O cortesão* (Baldassare Castiglione), os grandes manuais de etiqueta, as normas sobre comportamento à mesa, o uso do lenço, a conversação agradável: tudo chega ao máximo com o ordenamento que terá por centro o palácio de Versalhes e o rei Luís XIV. Terminado o Antigo Regime, a burguesia assumiu a demanda pela polidez necessária que a tornaria distinta da massa. Surgem escolas de boas maneiras e novos manuais sobre receber.

O homem do século XXI é um paradoxo. As normas da etiqueta existem e foram atomizadas. A civilidade continua sendo um esforço de mães, pais e professores. Porém há algo de podre no reino da Dinamarca. O troglodita está na moda. Usando um neologismo de sonoridade explosiva, a "tosquice" é *trending topic*. Dizer o que se pensa de forma grosseira, emitir piadas sobre o baixo corporal, assumir preconceitos: tudo parece representar a derrota do esforço de meio milênio na domesticação do selvagem social. Haveria explicações?

Vou lançar hipóteses para o debate. A raiz da contestação pode estar no próprio processo de civilidade. Produzir o homem aceitável da corte, o cavalheiro perfeito, a dama refinada, os gestos e procedimentos adequados implicou repressão e uniformização. Repressão de sons corporais, contenção de impulsos violentos e defesa de modos padronizados. A aristocracia desenvolveu a arte da etiqueta. A burguesia a imitou longamente, com o embaçamento natural de todo espelho imperfeito. Depois de séculos de produção/imitação, existe uma vontade de naturalidade, de libertação de amarras, de combate a cânones. É visível a rebeldia. Muitos duques e baronesas alcançaram a cobiçada *sprezzatura*, o refinamento demonstrado sem afetação ou sinal de esforço. Os êmulos das classes médias estavam um pouco distantes, porém atentos.

O aristocrata deveria ser educado sem nunca trazer à tona os andaimes, o esforço, o suor que custou o gesto ou a fala. Metaforicamente, *sprezzatura* é erguer o peso na academia sem gritar. Nem todos conseguem. O preço sempre foi a afetação, ironizada desde Molière até a série *Anne with an E*, da Netflix. No drama sobre o Canadá do fim do século XIX, uma pretensiosa senhora exige que suas filhas, candidatas a damas, andem com livros sobre a cabeça. Na televisão, é clara a crítica: os gestos são ridículos, produzem gente infeliz e caricata, eliminam a alegria e traduzem apenas um falso fidalgo, como o Monsieur Jourdain da peça que tanta graça provocava na corte do Rei Sol. Ser adepto do teatro da etiqueta seria, no mínimo, hipocrisia. Libertar-se das normas? Pura liberdade! Aqui, começa o derretimento das geleiras das convenções e floresce a primavera do troglodita.

Há outros fatores. Políticos foram retratados universalmente como mentirosos. Diriam apenas o que agrada ao eleitor, esconderiam suas intenções, sorririam quando desejassem bater e elogiariam quando seu eu interno adoraria insultar. Alguns políticos de esquerda e de direita passaram a utilizar recurso oposto. Querendo marcar uma nova fase, trouxeram ao público o falar direto, muitas vezes grosseiro e sem nenhuma concessão ao que consideram politicamente correto. Pode ser um democrata, como o presidente L.

Johnson, dos Estados Unidos (governou de 1963 a 1969). Querendo superar o sorriso permanente e aristocrático do seu antecessor e aliado, emitia opiniões que fariam corar estivadores experimentados. Era o texano sulista, o americano médio sem os salamaleques dos milionários Kennedy. Antes do presidente dos Estados Unidos, Stálin e seus bolcheviques já tinham se notabilizado pela recusa de um código da nobreza czarista. O georgiano se orgulhava de ser direto, usar termos chulos e ser pouco afeito ao mundo da corte.

O novo populismo de direita tornou quase ordinária a grosseria e fez dela um apelo ao homem comum, desconfiado dos bons modos tradicionais. É o caso de Trump nos Estados Unidos, Bolsonaro no Brasil, Putin na Rússia, Duterte nas Filipinas e Orbán na Hungria (lista bem incompleta). O discurso direto, a recusa do cerimonialismo do cargo, atitudes grosseiras e vulgaridade declarada quando descrevem a oposição e a imprensa: são sintomas de uma nova primavera do troglodita. No Brasil, já foi dito que é o "tiozão do churrasco": o convidado de meia-idade, preconceituoso, de inteligência mediana e que não consegue evitar a piada infame quando é servido o pavê ou quando um rapaz da família chega à idade de 24 anos. É mais forte do que tudo e ele solta o petardo idiota e agressivo. Quero enfatizar que, apesar de ser difundida entre populistas ditos conservadores, a grosseria é ambidestra. Identifiquei Stálin. Lembro-me de piada infame de Lula em Pelotas ou de referência do ex-presidente a uma parte da genitália feminina que ele indagava se não haveria mulheres no partido que a apresentassem de forma muito sólida. É o troféu tiozão grau *platinum*. Collor bradou ter "aquilo roxo". Quero reforçar: a primavera tosca brilha sobre a destra e a sinistra...

Identifiquei que a liberdade de expressão passou a ser entendida como sinal verde para agressão (primeira origem). Depois, levantei a ideia de que o combate a elites tradicionais e refinadas com a busca de identidade com um suposto "homem comum" tenha surgido como arma política em muitos políticos de esquerda e de direita. Eis duas curtas hipóteses. Lembro para encerrar: o oposto à grosseria não é a mentira, mas o cuidado em não universalizar seus próprios limites e preconceitos. Viver é tentar melhorar, com gotas homeopáticas de esperança.

Gentileza, enfim

Na origem clássica da palavra gentileza, existe o termo latino que remete a *gen*(s), clã, família e origem. Você tem obrigações com seu grupo porque descende de um ancestral em comum. Essa antiga noção é muito maior do que a ideia de família nuclear ou estendida que temos hoje, na qual o que nos une é o sobrenome e a possibilidade de amor. Devo gentilezas inúmeras ao meu grupo familiar. Antes, o código não era de doçura de maneiras, porém de regras e serviços com meu grupo.

Jesus foi uma revolução no campo da gentileza. Definiu que deveríamos ter preocupações e gestos de cuidado com desconhecidos e até com inimigos. A parábola do bom samaritano (Lucas 10, 25-37) define com clareza: o homem que nem era alguém do grupo judaico mais ortodoxo atendeu a vítima de um assalto. Cuidar de um desconhecido, pagar pelo seu tratamento e amparar uma necessidade ignorada pelos religiosos que passaram por ali era a nova regra.

Da ideia de proteção indistinta ao fraco surge o código medieval da cavalaria e o contemporâneo do cavalheiro. Ainda que guarde um conteúdo patriarcal de supor o feminino como indefeso e que deva ser protegido (e controlado), são códigos que dialogam com o bom samaritano. A gentileza torna-se virtude além do pertencimento familiar.

A fala do Nazareno nem sempre foi ouvida. A Segunda Guerra foi o momento de maior atrocidade concentrada em nossa história. Em pouco tempo e em enorme quantidade, matamos, destruímos, desabrigamos, humilhamos, violentamos, apagamos. O mundo conheceu um vórtice negativo: o que era feito, criado, inventado tinha como finalidade desfazer, eliminar, desinventar. Saímos da nefasta experiência para um mundo de guerra fria, ainda que com certo otimismo. Fizemos uma Declaração Universal dos Direitos Humanos. Parecíamos ter chegado ao acordo mínimo de que certas atitudes de uns com os outros deveriam ser obrigatórias. E que fazer o mal era um erro. Erro coletivo que poderia nos levar à destruição. O bem comum era um acerto a ser buscado. Isso sempre foi um ideal que preconizava o cuidado de si e do próximo como política e a gentileza como cotidiano.

Voltemos ao Brasil. José Datrino, conhecido como Profeta Gentileza, escreveu em muitos pilares do Rio de Janeiro frases sobre gentileza. Tido como louco, perambulava pela cidade distribuindo flores e frases sobre amor e cuidado com o outro. Faleceu em 1996. Não muito tempo depois, a divisão de limpeza urbana pintou os 56 murais de Datrino de cinza, como se escondesse pichações. A grande cantora Marisa Monte, chocada com o apagamento das inscrições, compôs a música "Gentileza". Vale a pena ouvir. Em nossas cidades, o colorido vai para debaixo do cinza, a gentileza some diante de nossos olhos.

O mundo de 2020, repetindo e amplificando os anos mais recentes, foi da agressividade, da "lacração", da comunicação violenta e do berro. Na política e no trânsito, na internet e até em almoços familiares, a diferença foi estopim de raiva. A suprema forma de gentileza, a comunicação não violenta, escasseou. O que houve?

O colapso da empatia talvez esteja na crise da saúde, da política e da economia. Quando minha vida e estabilidade estão em jogo, fica mais difícil defender a percepção do outro e das suas necessidades. Na saúde, o esforço mundial pelo desenvolvimento de vacinas é solapado pela ignorância que polemiza a origem do tratamento, pela idiotia que nega a vacinação, alegando que há um direito individual de não a usar. Ainda que esse fosse um direito, e não o é, pois uma sociedade é igualmente composta por deveres comuns, seria um ato de gentileza se vacinar: sem um porcentual alto de pessoas vacinadas, o vírus ainda estará à solta, matando, maltratando. Vacina não funciona de maneira individualizada, porém em grupo.

A política continua sendo o território do absurdo e da temeridade. Trump recusando-se a admitir a derrota e criticando o processo eleitoral que não o favoreceu. Similar processo ocorrendo por aqui nas eleições municipais. Sem política, somos, literalmente, idiotas, capazes de olhar apenas para nossos umbigos. Daremos com a cabeça no primeiro poste que encontrarmos no caminho.

Por fim, a economia não vinha bem e desmoronou nesse ano. Em pouco tempo, saímos de sexta maior economia do mundo para um amargo lugar fora do *top ten*. O pior resultado histórico. A pandemia, diriam os otimistas. O mundo todo passou por ela e esse resultado foi apenas nosso. Na esteira, desemprego, baixos salários, empregos informais, trabalhos ocasionais.

Como cereja ácida desse bolo intragável, vivemos um mundo de coices, pontapés e desacatos. Os ogros sempre existiram, provavelmente estivessem mais envergonhados no pântano há algum tempo. Talvez formassem um clube fechado, autorreferente quiçá. De repente, ganharam a praça pública e seus berros calaram quase todas as outras vozes mais tranquilas. Foi o eclipse do sensato e a aurora do ogro do pântano. Como recuperar um pouco da sanidade e da gentileza? Que todos tenhamos muita, muita esperança em um mundo mais gentil.

Um problema como Maria

Há uma cena em *A noviça rebelde* (*The Sound of Music*, dir. Robert Wise, 1965) que sempre me pareceu um debate sobre educação. A letra da música pergunta "como se resolve um problema como Maria" ("*How do you solve a problem like Maria?*", Richard Rodgers, Oscar Hammerstein II, Irwin Kostal). A reverenda madre é interpretada pela atriz Peggy Wood (1892-1978), que, com voz firme e afinada, dirige um debate que parece um conselho de classe. As freiras se dividem: Maria é indisciplinada e incapaz de seguir os horários (exceto para as refeições). Ela canta e assovia no espaço sagrado do claustro e sobe em árvores. Talvez até, insinuação terrível, tenha cachos sob o véu! Maria parece dividir as religiosas: sincera, alegre, impetuosa, uma palhaça ou, diz a mais crítica, um demônio!

A figura da abadessa é muito humana e realista. Um pouco adiante, ela proporá uma experiência de trabalho externo como babá que mudaria a vida da candidata. Para animá-la, incentiva a que Maria escale cada montanha [*climb every mountain*], que tente cada hipótese, que ouse! A meta seria encontrar seu sonho [*till you find your dream*].

Volto à cena anterior. Maria está sendo analisada. Diante de tantas opiniões, a superiora diz que é difícil fixar a nuvem ou agarrar o luar com a mão. No fundo, defende, ela é apenas uma menina. O argumento coletivo é muito interessante: a controvertida personagem de Julie Andrews não seria um ganho para a abadia [*Maria's not an asset to the abbey*]. *Asset* é uma palavra que, aqui, pode ser traduzida por trunfo, bem valioso, um recurso humano que pudesse trazer benefícios ao grupo. Virou termo usado em treinamentos empresariais. O dicionário Cambridge dá uma frase de exemplo para alguém que poderá ser muito bom para a equipe: "*He'll be a great asset to the team*".

O parágrafo anterior indica o defeito do julgamento sobre todo funcionário ou aluno. Pensamos na abadia, na empresa, na escola, como deve ser, já que servimos ou pertencemos todos a alguma forma de abadia. A pessoa/colaborador/aluno deixa de existir como ser autônomo e único e passa a ser vista(o) como engrenagem útil.

Sendo professor, sei que tenho de pensar no todo. O grupo deve ser preservado de alguém que o ataque ou atrase. Eu devo defender a instituição e a maioria. Sou membro ou dirigente da "abadia". A liberdade de um jamais pode ser um obstáculo ao objetivo de todos. Porém... além dos muros da abadia, existe o mundo. Maria escalaria outras montanhas e viraria uma babá revolucionária, que faria enorme bem aos filhos do austero Von Trapp e ainda descobriria o amor e a resistência aos horrores do nazismo. A "noviça" era rebelde em um ambiente onde a rebeldia era um obstáculo e foi transformadora em outro meio no qual a não conformidade com regras estúpidas provou ser uma libertação. A abadessa era uma líder, e não apenas uma autoridade, e conseguiu reunir duas habilidades: defender os interesses da abadia e estimular Maria a encontrar o caminho para si. É um gesto de profundo humanismo e uma genuína lição de vida.

O "problema de Maria" é o problema humano da diversidade. Muitos de nós ganhamos se conseguimos superar egoísmos e idiossincrasias e pensar em finalidades mais elevadas do que apenas em nosso prazer. Em qual momento a regra me ajuda a melhorar e quando ela vira calabouço frio que só define uma tradição? Exatamente porque não existe resposta é que a administração de humanos (na sala de aula ou na empresa) é uma tarefa árdua. A abadessa (ou... CEO do convento) entendeu que o sonho dela era estar naqueles muros e servir à sua fé e sua decisão. Entendeu também que havia a hipótese de que Maria deveria tentar algo distinto para ser feliz. Ouviu as colaboradoras livremente, expressou sua discordância sem raiva, refletiu e tomou a decisão. A madre não contabilizou decisões, optando pela que fosse mais expressiva do ponto de vista numérico. Analisou a fundo e percebeu que cada freira ali (a superiora das postulantes, a mestra das noviças etc.) fazia julgamentos a partir de si sobre Maria. Viu que se misturavam dores pessoais diante da felicidade da jovem. Quando todas adjetivavam, ela apenas concluiu que Maria era, afinal, uma menina.

O "problema de Maria" é o problema do humano: somos irrepetíveis e complexos. Fazer uma pessoa abandonar alguma opinião/comportamento pode ser libertador para ela, assim como pode destruir todo o impulso transformador que cada uma carrega. Deixá-la seguir seu caminho na escalada não significa que vá abandonar o esforço, apenas que se decidiu por trilha autônoma. Einstein não poderia ter ficado a vida inteira no escritório de patentes em Berna; sua montanha era mais alta. O Reed College do Oregon talvez não fosse o ambiente mais desafiador para Steve Jobs, apesar da excelente estrutura da casa. Isso não é a defesa do "saia por aí sozinho". A abadessa era brilhante e feliz e estava perfeitamente enquadrada no recolhimento da vida religiosa.

Lidar com gente é complicado. Se fosse diferente, todo mundo daria aulas brilhantes, dirigiria empresas felizes e geraria filhos com harmonia absoluta. Pessoas desafiam normas e não se enquadram em algoritmos. Porém nunca nos esqueçamos: o filme, em português, é *A noviça rebelde*, nunca "a noviça enquadrada no sistema e adaptada às metas". Rebeldia fez a Bíblia ultrapassar o capítulo 2 do Gênesis e Hollywood superar os primeiros cinco minutos da película. Você detesta gente? Não tiro sua razão. Apenas um conselho: nunca administre negócios, nunca dê aulas e jamais se reproduza. Ensinar é sempre conjugar o verbo esperançar.

O valor de tudo

Em 1987-88, eu era um jovem estudante que morava em uma pensão da rua Bahia, em Higienópolis, São Paulo. Trabalhava em escolas de ensino fundamental e supletivos, com uma renda escassa e muito entusiasmo. Vivi anos que considero extraordinários. Mais de uma vez, terminou o dinheiro das passagens de ônibus antes do novo pagamento e eu voltava a pé da USP até a pensão. Desde os 23 anos, nunca mais recebi um centavo do meu pai. Eu me sustentava inteiramente com bastante empenho. Não havia dor ou ressentimento: eu era jovem e estava descobrindo São Paulo, a USP e o mundo.

Os colegas pensionistas eram estudantes ou trabalhadores em começo de carreira, a maioria de classe média. Convidavam-me para sair. Uma vez, fomos a uma casa noturna. Pedi um drinque simpático e comentei: "É uma hora-aula!". Aquela era a minha medida de valor: a hora-aula, o montante que um professor da rede privada recebe por 45 ou 50 minutos de trabalho. Aquela bebida tinha custado uma hora de pé lutando com uma então "sexta série" na Escola Irmã Izabel de Nossa Senhora de Sion. Tomei o drinque lentamente: ele deveria durar ao menos... uma hora-aula. O valor deveria combinar com o tempo para obtê-lo. Quando alguns pediram nova rodada, aleguei um limite baixo. Não especifiquei que o "baixo" se referia ao limite financeiro, não ao álcool.

Eu vivia pela hora-aula. Entrando em faculdades particulares, a primeira informação que buscávamos na entrevista era: "Quanto é a hora-aula aqui?". Éramos trabalhadores movidos a essa medida.

Anos mais tarde, percorrendo a Ásia em viagens culturais, um amigo oftalmologista observou sobre um jantar em Dubai: "Isto são duas cataratas!"; em seguida, disse o valor da cirurgia de catarata e que ele avaliava algo por essa unidade. Há a hora-aula e existe a hora-catarata. Eu suspirei pelo valor superior e também porque os pacientes dele eram sedados e vinham voluntariamente; os meus alunos, não.

A vida roda célere, rodopia por vezes, galopa e até pode parar em algum ponto. Em 2020, incorporei a unidade monetária "*live*". "A viagem de fim de ano custará tantas *lives*." Aumentei a renda, claro, todavia, como todas as pessoas que envelhecem, expandi os gastos e os dependentes diretos. Por vezes, imagino que há trinta anos eu tinha menos água e muito menos sede do que hoje, o que parecia compensar. A sede dispara e os sedentos também. Envelhecemos como uma cornucópia abundante que saiu do isolamento pobre da juventude com mais recursos e muito mais desejo. A ascensão é melhor do que o declínio, porém os jovens precisam saber que o aumento do valor obtido no seu numerador virá acompanhado do aumento de pessoas no denominador.

O isolamento social na quarentena fez meus gastos despencarem. Houve uma lição: eu posso e quero viver com menos. A outra lição, além de racionalizar o consumo, é que, apesar de eu ser prudente, o mundo demanda reservas ainda maiores para períodos de estiagem. Qual é o tamanho delas? Tenho medo daquela síndrome de "faraó" que vi em alguns amigos empresários. Vivem para sua tumba-pirâmide. Acumulam dentro da área que cerca a morte. Viver para morrer é fascínio funerário, investimento no fim e pouca atenção para a vida do meio. Não quero tal projeto. O oposto é perigoso: viver como se não houvesse amanhã. O amanhã vem e pode vir com um novo vírus. Gosto do pensamento que já vi atribuído a Jim Brown e ao atual Dalai-lama, logo, vai aqui como sabedoria pura de autoria duvidosa: "Os homens perdem a saúde para juntar dinheiro, depois perdem o dinheiro para recuperar a saúde. E por pensarem ansiosamente no futuro esquecem-se do presente, de forma que acabam por não viver nem no presente nem no futuro. E vivem como se nunca fossem morrer... e morrem como se nunca tivessem vivido". Talvez seja de um terceiro autor; é uma diretiva sábia. Viver plenamente, com base em hora-aula, catarata ou *live*. Saber que tempo tem custo e que não somos imortais. Pensar na velhice como um novo período de novos desafios e necessidades. Avaliar o denominador sempre. Viver estrategicamente e levar em conta que o valor da vida supera todos os outros custos. Pensar que as coisas mais importantes são gratuitas. Evitar o arrependimento de uma vida voltada ao que era secundário, deixando de lado o central. Em resumo: a crise me fez pensar em viver de outra forma, ainda melhor, com menos, com mais pessoas importantes de fato, com bons momentos gratuitos e uma mudança de valor, de hora-aula para hora-vida. A hora-vida não pode aumentar; a fruição dela sim. Sei que irei morrer. Isso é irrelevante. O significativo é o que farei até essa data. Morrer é inevitável. Viver é uma arte que exige empenho e sabedoria. Nada do que eu fizer pode impedir que eu encerre minha existência um dia. Tudo o que eu fizer a tornará significativa, transformadora, agradável a mim e luminosa para outros. A escuridão da epidemia e a dor que me cercava pelo país fez com que eu buscasse mais luz. O que você aprendeu com o período? É preciso ter muita esperança. A falta de esperança emperra tudo, independentemente da renda.

PARTE 3

A cultura e o poder

Tudo é cultura, e isso dificulta a apreensão do conceito. Imersos nela como os peixes no oceano, as práticas culturais assumem ares de naturalidade e de permanência. Um pouco de afastamento, um olhar mais crítico e, de repente, surge a construção e o andaime onde antes só se imaginava natureza virgem. Perceber os modos de produção da cultura é sempre uma insurgência contra o poder.

A mulher de César ou a moral pública

Todas as pessoas precisariam ser honestas. Os políticos são ainda mais cobrados porque lidam com dinheiro alheio. As mulheres, alvo de fiscalização particular na nossa sociedade, deveriam ser imaculadamente éticas. A mulher do político, por fim, deve ser um cristal perfeito, transparência sem jaça e luz cristalina. Assim, construímos nossos imaginários sociais: tolerantes com o jeitinho cotidiano, irritadiços com o roubo público e violentos no julgamento das mulheres.

Dizem que a expressão sobre o cônjuge de César nasceu da segunda esposa do aclamado general. Pompeia Sula deu uma festa só para mulheres. Um patrício atrevido invadiu o rega-bofe. Foi descoberto pela sogra da anfitrioa. Júlio César tomou a decisão clássica de uma moral masculina e pública: divorciou-se da esposa e perdoou o invasor. Surgiu o ditado: para uma mulher casada com homem importante não basta ser, mas parecer honesta, estar acima de quaisquer suspeitas.

Nossos jornais mostram novos escândalos. Ainda não abarcamos a extensão dos antigos nem todos os culpados foram punidos e eis que uma safra fresca desponta. Você, minha querida leitora, ou você, meu estimado leitor, sabe a regra absoluta e verdadeira. Tudo que se diga de ruim do político ou partido de que eu gosto é perseguição da imprensa e intriga da oposição. Tudo o que for dito do meu inimigo político é pouco diante do muito mais que ele ou o partido tenham roubado. Aqui, não se trata de gênero, todavia de afinidade eletiva. Quem eu gosto é honesto. No máximo, como concessão ao humano, meu correligionário fez algo indevido, porém imensamente menor do que aqueles outros, os verdadeiros ladravazes. Um argumento brasileiro clássico e estranho: "Sim, ele fez isso, mas os outros fizeram muito mais". Assim, justifica-se o homicídio diante do nosso imaginário sobre o genocídio. O meu César e a sua esposa devem ser, ao menos, um pouco menos ladrões do que o César e a esposa alheia. Afinal, todos os césares se parecem, com exceção do meu, que, claro, é melhor por ser o meu. A ética parece flertar com a blague de Bernard Shaw (1856-1925): "O nacionalismo é a crença que um país é melhor que outro pelo simples fato de você ter nascido nele". Meu político é mais ético simplesmente porque eu acredito nele e, um dia, a imprensa golpista vai entender isso.

Ser e parecer é a síntese da modernidade maquiavélica. Os outros julgam pelo que percebem externamente, logo, a propaganda de si como luminar ético é a coisa mais importante. Emil Cioran (1911-1995) dá o seu inevitável tom pessimista ao pensar as dualidades do mundo: "A inconsciência é uma pátria, a consciência, um exílio". Podemos tratar de várias formas a ideia do franco-romeno. Mundos bipolares provocam conforto, um gueto mental quente e agradável. O bem ao meu lado e o mal do outro. E quem não pensa assim? Só pode ser um sofista, pois todos que não trabalham com o absoluto devem ser sofistas. Como sempre, sofista é uma palavra aprendida em um grupo de WhatsApp. Lá, disseram ao membro que era um insulto e o mundo pessimista helênico submergiu no pires da internet.

Todos os políticos são iguais? Não. Estou convencido de que há pessoas realmente honestas e há partidos que as concentram mais do que outros. A questão que estou tratando é que a convicção depende de fatos, e não de opiniões. Não podemos ter confiança por princípio, porém por fatos. Sempre gostei do exemplo, muito isolado na história do país, do ministro de Itamar Franco: Henrique Hargreaves. Sentado na instável cadeira da Casa Civil, a grande guilhotina da Nova República, foi acusado de procedimentos não éticos. Afastou-se e houve uma investigação. Assumiu Tarcísio Carlos de Almeida Cunha. Feita a devassa, retornou, sem que nada fosse provado. É um modelo interessante. Por quê? Existem máquinas óbvias de denúncias contra quaisquer pessoas que exercem o poder. Faz parte do jogo político. Eu quero o poder que pertence a você, mesmo o legitimamente obtido por votos. Logo, não querendo pagar o ônus de um golpe, eu posso derramar acusações. As acusações podem ser falsas ou verdadeiras, sempre. Para isso, o ideal seria fazer uma investigação e, sempre que possível, sem que o acusado exercesse cargo de poder. Isso evitaria que, caso seja culpado, use a máquina pública a seu favor ou que, enquanto se defende, não se concentre em seus afazeres. Trata-se de duplo e necessário cuidado.

Toda mulher de César deveria ser a primeira a exigir investigações amplas. A ela interessa emergir do caso com sua reputação exaltada. Exercer cargo público em democracias tem esse ônus terrível. O palavrão que você lançou no ensino primário volta. A entrevista de 1978 emerge. Reaparece o teste do bafômetro daquela noite fatídica. Seu filho exterior aos laços matrimoniais desponta nas colunas sociais. Seu filho de dentro do casamento terá a vida devassada e, não sendo santo (algum o é?), terá os achados jogados na fogueira inquisitorial da opinião pública.

Penso três coisas distintas. Uma já dita: a mulher de César deve querer investigação e sua insistência no procedimento seria uma evidência da sua consciência tranquila. Segunda: devemos buscar a ética, e não a ética em uma pessoa ou partido. Devemos cobrar que quem exerça cargos seja exemplar ao lidar com a coisa pública. Terceira: um pecado menor do passado que já tenha sido expiado pela retratação ou que represente um momento de raiva, e não uma convicção pessoal, deveria ser relevado. Gosto de pessoas reais que têm capacidade de errar, desde que se arrependam e melhorem. Arcanjos costumam ser autoritários. Alguns até traem o plano divino. O mundo político é mais complexo do que uma lista de convidados de Pompeia Sula. A mulher de César deveria ter contratado assessores de imprensa para melhorar sua imagem como esposa esperançosa.

O barulho democrático

Existir é opinar. Tenho considerações sobre culinária ao comer, sobre moda ao vestir, sobre política ao votar e sobre planejamento econômico ao negar dinheiro a um filho. A opinião (*doxa* para os gregos) envolve minha experiência real, meus gostos subjetivos, minha razão e minha passionalidade. Raramente, minhas opiniões são embasadas em muita reflexão ou em dados. Todos nós dialogamos com o mundo do senso comum e da subjetividade. Argumentos objetivos e verificáveis existem, mas escasseiam nas discussões diárias. Em casos ainda mais raros, temos uma formação profissional/acadêmica sólida que envolveu reflexão prévia e pesquisas anteriores sobre o que falamos. Falamos mais do que pensamos.

Hoje, há uma tripla força para que as opiniões subjetivas e pessoais ganhem destaque. A primeira linha é o estado democrático de direito, vigente há mais de trinta anos no Brasil. Liberdade de expressão é garantida pela Constituição. A segunda força é o crescimento do sujeito como definidor de uma realidade que deve ser respeitada por causa da vontade. "Por que essa profissão?" "Por que fez tal escolha de casamento?" A resposta que encerra tudo é "porque eu gosto". O declínio do dever ou da norma e a ascensão do desejo como instaurador de validade são recentes e mereceriam muita análise. A terceira e última força se chama rede social. Não apenas tenho o direito, eu também penso assim e, por fim, posso publicar para milhões a minha infinita subjetividade. Estamos no apogeu da *doxa* como o grande critério da comunicação.

Hoje em dia, qualquer pessoa pode falar e escrever (e fala/escreve) sobre tudo. Vivemos o império da opinião. Os jornais e outras mídias mais tradicionais, para sobreviverem, têm de se abrir ao outrora passivo leitor/espectador. Como funciona? Você lê uma notícia ou uma coluna e, logo abaixo, os comentários dos leitores! Muitas vezes, temos mais opiniões sobre a notícia do que texto na notícia. Todos querem falar o que pensam. Não raro, há debates entre os leitores, que se esgrimam por suas opiniões. No rádio não é diferente; tampouco na TV. No mais das vezes, se não moderados, são lugares de ofensas, de anonimato, de violência, de lugares-comuns. Isso levou Umberto Eco (1932-2016) a emitir sua antipática (e verdadeira?) sentença de que a internet (e principalmente as redes sociais) deu a certeza ao idiota da aldeia de que ele não apenas tem voz; concedeu-lhe a certeza de que tudo sabe; de que sua opinião é a melhor, a mais correta.

Vejamos mais de perto o problema. Alguns antigos atenienses consideravam a opinião como algo ruim, todavia possível. Para eles, opinar era apenas expressar uma crença irrefletida, uma lógica de senso comum incapaz de ser boa por não conter, em si, nenhum quinhão de reflexão: não se pensava na validade do que se falava nem nas premissas do que se dizia, tampouco nos meios pelos quais e para os quais se opinava. Se lermos trechos pequenos de *O banquete,* de Platão, veremos Sócrates demonstrar isso perguntando a opinião de soldados e outros sobre as coisas mais banais, para então, por meio de sua maiêutica, solapar as minicertezas que saíam seguras das bocas de seus interlocutores. Aristófanes, o comediógrafo, achincalhou Sócrates, sofistas, juízes, políticos e tantos outros em suas peças, pois, para ele, apenas emitiam opiniões e isso contribuía para o solapamento da democracia e o fortalecimento da demagogia.

O poder da persuasão, daquele que manipula com sua opinião, talvez seja o mote da peça *As aves*, em que uma utopia é revertida numa tirania apenas pelo convencimento. A tradição do teatro manteve viva a crítica à opinião e, milênios depois de Aristófanes, Molière ironizava as opiniões rasas de um ex-comerciante enobrecido em *O burguês fidalgo*. Em resumo: há uma linha (tênue, entretanto, há) entre Aristófanes, Molière e Eco, uma espécie de satanização do idiota que fala. Por trás disso, há a noção de que aquele que é fechado em si mesmo (o idiota na raiz da palavra) seja o avesso do que realmente precisa a arena pública. Se a democracia for entendida como o espaço em que apenas os que realmente estão dispostos ou são capazes de pensar o espaço público sejam chamados à Assembleia (Pnyx), eles estão corretos.

Por outro lado, se uma característica da democracia é a mais absoluta liberdade de expressão, eles são apenas conservadores rancorosos. Pois qual seria a alternativa a dar voz aos idiotas? A censura prévia, a ditadura? Nos críticos há um suspiro aristocratizante, mas também um ponto nevrálgico. Questão complexa: quem pode dar opinião? Quem está realmente disposto a ouvir uma opinião e ponderar a partir dela? Quem diferenciaria o que é idiota do que é sábio?

A solução é complexa e passa por diversos níveis. Um deles é pessoal. Devo saber que tenho direito a pensar por mim mesmo, no entanto jamais serei especialista em tudo. Ter opinião sobre tudo, portanto, torna-me um idiota, querendo ou não. Um segundo nível é público, coletivo: a educação no século XXI tem de encarar de frente o papel de registrar a capacidade da construção de argumentos, da arte do diálogo, do debate. Teremos mais gente versada e com capacidade de dialogar. Em uma esfera legal, devemos ser duros (e justos) quando a opinião extrapola seus limites ou flerta com o ilógico. Leis não podem ser feitas tendo como base a opinião de alguém sobre um assunto; uma pessoa ofendida pela opinião alheia pode exigir reparação. Ainda assim e sempre: é melhor o charabiá dos idiotas em um estado democrático de direito do que a açaimada silenciosa das ditaduras. Nas ditaduras, a esperança é amordaçada.

A tristeza de ser a única pessoa certa do mundo

Quando os oficiais chegaram à residência, havia um corpo no primeiro andar. Sem vida, Marc-Antoine Calas encarnaria uma disputa maior do que sua mísera existência. Era um jovem que não completara os estudos e que tinha dívidas de jogos de azar, um fracassado. Morreu na casa de seus pais. A primeira versão era a de que havia sido assassinado. Na falta de suspeito melhor, o próprio pai foi preso e, na cadeia, mudou a história originalmente contada. Passou a sustentar que seu filho cometera suicídio, mas que a família, ao descobrir o corpo, resolvera simular um homicídio.

Estamos na França do século XVIII e, realmente, tirar a vida era visto como uma maldição, o corpo nem sequer poderia encontrar descanso eterno em solo consagrado. Os Calas, juravam, não haviam matado o filho, mas buscavam dissimular sua morte para tentar salvar sua alma. O juiz do caso não se convenceu. Sentenciou Jean Calas à roda e a uma série de outras torturas. Com o corpo todo quebrado e torturado, o comerciante deu seu último suspiro em 10 de março de 1762.

A peça que estava faltando nesse enredo: ele era protestante e a França, um país de maioria católica. O próprio Voltaire analisou o caso e tentou interceder por Calas, mostrando o quanto de intolerância religiosa motivava a condenação. Não foi suficiente. As suspeitas (infundadas) de que Jean Calas não só era um huguenote como um ativista anticatólico eram fortes. Seu filho mais velho já abandonara a família e se convertera à fé de Roma. Para evitar que o segundo seguisse o mesmo caminho, o pai o matara, diziam.

Voltaire mostrou o suicídio e expôs a motivação (dívidas; a falta de formação porque, como protestante, Marc-Antoine fora barrado de completar seus estudos). De que valia escutar a razão se o preconceito era mais reconfortante?

No ano seguinte, o filósofo publicou seu *Tratado sobre a tolerância*, no qual argumentava o quão prejudicial era todo tipo de fanatismo religioso e como identificar tais posições. Acima de tudo, conclamava os religiosos a irmanarem-se em vez de se atacarem. O texto chegou ao rei, que, postumamente, perdoou Calas, restabeleceu o bom nome da família e dispensou o juiz do caso.

Não era a primeira publicação sobre o tema e não seria a última. Décadas antes, por exemplo, em seu exílio na Holanda, John Locke escreveu uma carta a seu amigo Philipp van Limborch sobre a tolerância. Sem seu consentimento, o texto foi publicado em Londres no tumultuado ano de 1689. No texto, o filósofo inglês argumentava que Estado e Igreja são coisas de natureza e função absolutamente distintas. A primeira era criação humana para cuidar das coisas mundanas e materiais, tendo o poder de coação com quem fugia da lei. A segunda era voltada à salvação, uma manifestação pública de um compromisso privado de salvação, de ordem celestial, sem poder coercitivo. Ninguém deveria obedecer à Igreja por medo de coerção, mas por prerrogativa de fé. Logo, um magistrado (um oficial do Estado) nada deveria legislar ou punir em matéria de fé. Um sacerdote, por sua vez, não deveria se intrometer em assuntos de Estado. Locke mantinha fora de sua tolerância os "papistas" e os ateus. Mesmo com essa nota de intolerância, suas ideias inspiraram o Parlamento a aprovar o Ato da Tolerância, que concedeu liberdade de culto aos não conformistas (ainda que com muitos senões).

Uma das grandes construções da modernidade é a separação entre Estado e Igreja. A fé passa ao lugar em que ela tem sentido e até beleza: o foro íntimo, a comunidade no máximo. Deixa de estar amparada pela pompa do Estado e pelo embasamento jurídico. Cada um cultua (ou nega culto) a quem ou ao que desejar. Dentro da lei, todas as liturgias, orações, convicções sobre alma ou anjos saem dos tribunais oficiais e migram para a consciência de cada um. Houve séculos de luta no Brasil, por exemplo, para que uma simples igreja protestante pudesse ter torre, algo só obtido com a República e o fim do catolicismo como religião oficial no país. Os crentes e não crentes, devotos de religiões de matriz africana, judeus e islâmicos, católicos e evangélicos são unidos pelo denominador comum: cidadãos brasileiros. A liberdade de culto protege os fiéis de ataques de não fiéis e todos do discurso totalitário daqueles que querem impor sua vontade a outros. Em países, crenças e formações distintas, tanto Voltaire quanto Locke entenderam o valor da tolerância ativa, a defesa decisiva da liberdade de opiniões. Ela supera o mal tóxico da intolerância. Da mesma forma, evita-se o veneno suave da tolerância passiva: "Respeito suas ideias, mas não se aproxime de mim!". A tolerância ativa é mais do que isso: eu preciso que alguém seja diferente de mim, pois é na diferença que sou obrigado a pensar minha própria forma de ser, alargar meus horizontes, questionar minhas certezas. É uma conquista que garante paz e progresso, desenvolvimento e ordem a todas as sociedades, como a da pioneira Holanda, que entende que o Estado é a reunião de cidadãos, e não assembleia de devotos. Separar Igreja de Estado é um avanço extraordinário. Aprofundar a tolerância ativa é o desafio de todas as gerações. É preciso ter esperança.

Frankenstein e d. Sebastião

A República no Brasil foi instituída por uma aliança de dois grupos distintos: militares e ativistas republicanos. Formações díspares, origens sociais diversas, visões de mundo totalmente opostas em quase tudo: uniram-se em novembro de 1889 e deram um golpe no Império. Cafeicultores de São Paulo e marechais de Alagoas? Com astúcia e força, atingiram o que desejavam: Pedro II foi derrubado e saiu para o exílio. Mal instalados no poder obtido da aliança heterogênea, os dramas eclodiram. O primeiro marechal, Deodoro, renunciou meses após a eleição. O segundo marechal ficou até o fim, mantendo com mão de ferro o poder, ameaçando antigos aliados de prisão, fazendo muito republicano viver uma pequena "síndrome de Frankenstein": aquilo que criamos pode nos destruir.

O fenômeno se repete em 1930. A ascensão de Getúlio Vargas tem uma base ampla e muito variada. Washington Luís foi derrubado com certa semelhança a outro fluminense como ele: Pedro II. Ambos caíram mais pela falta de apoio do que pelo domínio numérico de adversários ativos. Já no poder, dizem, perguntaram a Getúlio como havia conseguido acalmar o intenso movimento tenentista, aliados semiconfiáveis da ditadura varguista. "Simples", teria dito o gaúcho de São Borja, "eu os promovi a capitães". No proverbial maquiavelismo do pai dos pobres está uma chave importante da compreensão da política nacional: a cooptação permanente.

O monstro feito de vários corpos ataca novamente. Em 1945, Getúlio é derrubado por antigos aliados como Eurico

Gaspar Dutra e Góes Monteiro. Dr. Frankenstein lançou seu sorriso do túmulo.

Em 1964, o movimento civil-militar que derrubou João Goulart reunia políticos civis como Carlos Lacerda, Magalhães Pinto, Auro de Moura Andrade e outros, além de lideranças militares como o general Olímpio Mourão Filho. Vitorioso, o movimento sofreu a velha síndrome alvo da crônica diante dos seus olhos. Carlos Lacerda cedo se afastou dos antigos aliados e foi buscar inimigos de outrora contra o Leviatã que ajudara a criar. Não adiantou: teve o mesmo destino e foi cassado.

Entre as forças armadas vitoriosas em 1964, surgem dissensões também: Marinha e Aeronáutica chegam a atritos significativos no período. Dentro do Exército há um choque profundo entre linhas-duras e sorbonistas, depois entre general Sílvio Frota e Ernesto Geisel. Frankenstein acena de novo: as costuras unidas tendem a descoser com a vitória.

O fenômeno é monótono por ser repetitivo. Volta a ocorrer na Nova República, em 1985. Mostra seu corpo mostrengo na constituinte. As manifestações de 2013 incluíam quase tudo do espectro político e social. Fórmula histórica: um grupo variado se une contra um inimigo em comum. Tudo conduz à união de forças e discursos no ataque à Bastilha. Decapitado Luís XVI, os grupos mostram fissuras. Executado o czar, os bolcheviques devem matar antigos aliados. Derrubado o Império Britânico, emerge a violência extrema no subcontinente indiano. Como comentou o poeta grego Kaváfis (1863-1933), os bárbaros são fundamentais para a vitória da civilização (poema "À espera dos bárbaros"). O que fazer depois que o inimigo caiu? Onde fazer a reunião da vitória? Como distribuir o poder se as concepções de política são inteiramente distintas na aliança que alcançou o prêmio?

Sempre é uma resposta complexa. Conservadores se uniram contra a esquerda e seu símbolo máximo, o PT. O partido que uniu a direita perdeu nas urnas e nos tribunais, teve seus líderes presos ou indiciados e houve uma queda notável no prestígio e no poder de controle do eleitorado. Chegou a hora de a ampla e variada aliança conservadora tomar o poder.

No vasto recorte que chegou ao Planalto pelas urnas, temos conservadores clássicos, extrema direita, religiosos de várias confissões, liberais, estatistas, militares, empresários, classe média, alguns intelectuais, escassos artistas, desconfiados do Estado por vários motivos, querendo intervenção do Estado por outros motivos, e outros que apenas odeiam o PT. Como é comum, as fendas surgiram rapidamente e fogo amigo está provocando baixas nas fileiras aliadas.

Frankenstein sorri. Seu corpo foi animado pela eletricidade. Vivo, sem alma e com grande força, seu criador vira seu inimigo. Não é uma novidade, mas sempre inquieta.

A lama de Brumadinho se soma à lama de Mariana na tragédia que ignora coloração política. Queimou o Museu Nacional e também o fogo atingiu o Flamengo. Quem nos salvará? Quem nos unirá? Um dia retornará d. Sebastião. O quinto Império vai ser restaurado. Viveremos uma era de paz e de abundância. Até a volta do Desejado, o império de Frankenstein será nossa realidade. Sempre foram corpos unidos de consciências distintas. A costura é frágil. A esperança deve ser maior do que salvadores políticos.

A outra volta do parafuso

Os norte-americanos têm duas forças contraditórias e complementares. Por um lado, a terra do indivíduo livre e empreendedor, do homem da fronteira e do crescimento que eles acreditam ilimitado para quem possuir energia, inteligência e foco, sem as amarras do Estado que tanto infernizam o mundo ao sul do Rio Grande. Por outro lado, os Estados Unidos são o país que lutou contra os grandes bancos (governo Andrew Jackson, 1829-1837), que formulou uma forte lei antitruste (Lei Sherman, 1890) e do crescimento estatal no longo período do partido democrata de F. D. Roosevelt e H. Truman (1933-1953). Relações ambíguas, ou dialéticas se preferirem: muitas das lutas contra grandes empresas de magnatas eram para... permitir aos pequenos a condição de liberdade que a concentração de capital poderia dificultar. No fundo, tudo está sempre no velho debate que já aparecia na época dos pais fundadores do século XVIII: o ideal de uma democracia de pequenos fazendeiros ou de cidadãos livres e sem um Estado muito forte ou sem empresas muito grandes. Mas resta o fato: e quando a capacidade de um empreendedor ou de um grupo é tamanha, sua aliança com o poder é umbilical, e a soma disso a faz crescer de forma gigantesca? Como lidar com o fato de que a democracia pretende a igualdade jurídica em um universo humano que nasce da desigualdade de capacidade enorme entre os indivíduos?

Guardemos a primeira ideia: desconfiança do poder das grandes empresas. Somemos uma segunda ideia, que leva em história o nome de "síndrome de Frankenstein". Existe um medo de que as máquinas ou os seres criados pelos humanos venham a atacar a própria humanidade. Mary Shelley (1797--1851) criou a angustiada e violenta criatura animada pelo dr. Victor Frankenstein. Um dia, seremos dominados por robôs, ou computadores, ou pelos algoritmos, ou pelos programas de identificação facial da China, ou pelos aplicativos para envelhecer o rosto da Rússia, ou pelo Vale do Silício, ou pelos liquidificadores. As máquinas dominarão tudo, como vemos em *O exterminador do futuro* (*The Terminator*, dir. James Cameron, 1990). Desde aquela data, o ator Arnold Schwarzenegger precisou ir e voltar de um mundo dominado por novos frankensteins para eliminar ou ajudar nossa combalida humanidade.

Junte, agora, a primeira ideia (medo de grandes trustes) e o segundo medo (medo da perda da humanidade diante de máquinas) e teremos o livro de Franklin Foer: *O mundo que não pensa: a humanidade diante do perigo real da extinção do Homo Sapiens*. A proposta do livro é muito interessante e causou sucesso no mercado dos Estados Unidos. Estaríamos abrindo mão da capacidade reflexiva e crítica para gigantes como Apple, Google e Facebook. Em nome de buscas de informações, acesso a produtos ou relações sociais, os consumidores estariam cedendo sua capacidade de escolher ou de distinguir algo fora dos cardápios oferecidos. O nome Amazon consagra o rio mais volumoso do mundo e o logo indica uma seta de A a Z (fui verificar depois de ler isso no livro). Google deriva de googol (o 1 seguido de 100 zeros) usado em matemática para valores inacreditáveis, mostrando pretensão maior do que uma simples gigante do petróleo do passado. Os dados vão além das curiosidades de marcas e fazem pensar seriamente em tudo. O mais interessante do livro é a visão do autor, um liberal, sobre o Vale do Silício.

Você nunca mais verá informações sobre o epicentro das nossas transformações de paradigmas tecnológicos com o mesmo olhar. Quem mais classificaria as pessoas de lá como tendo uma "visão medieval de criatividade"?

Sempre é importante supor que o objetivo maior de uma grande empresa não seja a sua felicidade, mas os seus recursos financeiros. Reiteradamente, desconfio de teorias conspiratórias (o que não é o caso do texto de Foer) e tenho um otimismo quase inato sobre a rebeldia humana que supera totalitarismos políticos e de pensamento. Sempre existe uma "outra volta do parafuso", como no texto de Henry James que intitula a crônica. Se quiserem um argumento melhor, em um mundo em que todos pagam para que as grandes empresas forneçam produtos e informações controladas, surgirá um empreendedor que fará uma opção de venda de informações fora das grandes empresas. Em outras palavras, na dinâmica do nosso capitalismo, quando muita gente lucra com agrotóxicos, surge a opção (cara, aliás) de alimentos orgânicos.

O texto faz pensar, e eu o recomendo fortemente. Há espaço para o humor: ao procurar as datas do nascimento de Mary Shelley ou do ano do filme *O exterminador do futuro* (que eu não sabia de cor, ao contrário das outras datas que citei aqui), encontrei-as no... Google. Em resumo, talvez o livro já venha tarde demais, já precisamos do Google e da Apple para fazer um texto de crítica às empresas. Se você desejar, aliás, o livro *O mundo que não pensa* está nas grandes livrarias ou... na Amazon, de A a Z... Em resumo, querida leitora e estimado leitor, o monstro criado pelo dr. Frankenstein já assumiu o cargo de CEO do seu cérebro. Não sabe o significado de CEO? Já sabe onde procurar e dar mais uma volta no parafuso, com esperança.

Fracassos retumbantes

A frase "o fracasso lhe subiu à cabeça" é extraordinária. Virou até letra de música. É um ataque venenoso lançado a muitos políticos e administradores. Contém certa injustiça. Fracassos podem ser extraordinários na memória. Dédalo era arquiteto genial e prudente.

Seu filho, Ícaro, era impulsivo e nada acrescentou à técnica do pai. Pelo contrário, o jovem ignorou os conselhos do sábio engenhoso e aproximou as frágeis asas de cera do carro do sol. Resultado da escolha? Até hoje, seu túmulo aquático se inscreve nos atlas como o mar Icário. Trata-se de um fracasso que nunca subiu à cabeça do infeliz. O referido local da tragédia é uma parte do mar Egeu. Esse é um outro nome a registrar o erro estratégico. O velho Egeu se matou por engano, supondo que seu filho Teseu estava morto, quando houve simples falha de comunicação.

Os mapas parecem um itinerário de equívocos gloriosos. O Estreito de Magalhães ostenta o nome glorioso do português que fez a primeira viagem ao redor do nosso globo. Há quinhentos anos, pasmem, senhoras, e espantem-se, senhores, alguns ignorantes supunham a Terra plana! Inacreditável a imbecilidade daquela época. Tergiverso. Fernão de Magalhães batizou o belo e complexo trecho austral no nosso continente. Todavia, a primeira viagem ao redor do mundo não plano não foi completada pelo lusitano. No futuro arquipélago das Filipinas, habitantes locais foram indiferentes ao solene tom épico da empreitada e flecharam o capitão ousado. A viagem completou-se sem Fernão.

Volto ao solo. As vitórias napoleônicas estão listadas no Arco do Triunfo, em Paris. No monumento, lemos a batalha de Moscou, evento que resultou em desastre quase absoluto para o corso. O custo dos campos gelados da Rússia nunca foi superado pelo exército francês. A águia imperial morreu por hipotermia. A "vitória" de Moscou é uma derrota monumental do projeto napoleônico. O genial estrategista terminaria a vida prisioneiro em uma ilha longe de tudo, tendo seu império retalhado e todos os princípios revolucionários engolfados pela onda reacionária do Congresso de Viena.

Em 1840, quando os franceses recuperaram seu corpo em Santa Helena, Bonaparte passou um tempo sendo velado sob o Arco do Triunfo, de onde, hipoteticamente, seu espírito poderia ler a "vitória gloriosa" que apresentou, como efeito maior, a queda do império e o desfile do czar russo vitorioso em plena Paris.

Ferdinand de Lesseps passou à história como o construtor do estratégico Canal de Suez. Embalado pelo sucesso daquela via, atreveu-se a empreender o Canal do Panamá. Foi um desastre retumbante que, curiosamente, pouco tisna a reputação do francês. Seria um Napoleão da engenharia: seu Waterloo não nubla sua Austerlitz. O mesmo se pode dizer de Steve Jobs: afastado da própria empresa em meio a crises enormes?

O exército soviético acompanha a mesma sina: semi-humilhado diante da fraca Finlândia e apanhando muito até 1943, será sempre lembrado pela vitória na Segunda Guerra. Para o emblemático Churchill, o fracasso de Galípoli seria compensado na vitória da guerra seguinte. Por quais motivos ocultamos fracassos e destacamos vitórias? Quantas ideias geniais você precisa ter na vida para que seus pensamentos idiotas sejam defenestrados? "Guernica", da década de 1930, equilibra os anos menos brilhantes de Picasso no fim da vida? Capitalistas que perderam tudo, como o emblemático Barão de Mauá, deixam de ser competentes? São questões importantes na carreira e na vida pessoal de cada um.

Quase todos os estados brasileiros têm feriados para celebrar revoltas fracassadas, mas, claro, com "vitória moral". Celebramos Cabanagem, Farroupilha, Sabinada, Balaiada e, curiosamente, o esmagamento da Inconfidência Mineira com multas, degredos e uma execução. A vitória total do governo de Dona Maria I é, hoje, feriado nacional... em homenagem aos que não atingiram seus objetivos naquele século.

A única solução para que o sucesso seja extraordinário é o modelo Nelson: morrer em meio a uma imponente vitória. Tinha 47 anos no apogeu da glória, em Trafalgar. O triunfo do almirante do alto de sua coluna na praça em Londres é permanente. Não teve tempo de falhar ou de desgastar a biografia. Exemplo ainda maior de triunfo inatacável? É o caso do nosso bom presidente Tancredo Neves, de longe, o melhor governante que já foi eleito para o cargo do Executivo Federal. Abandonou o mundo em 21 de abril, dia de outro imortal, Tiradentes.

Morrer na glória de uma batalha ou na véspera de ela ser travada parece ser a segurança permanente para que seu nome esteja no Panteão dos Heróis para sempre. Infelizmente, para nós, os vivos, os dias se repetem. O desempenho épico de ontem pode não servir de argumento para amanhã. A falência parece apagar os anos de prosperidade econômica. Eis a discreta beleza de estar vivo. Temos nova chance de acertar todo dia e, claro, de colocar tudo a perder sempre. É preciso manter a esperança, até porque continuamos vivos!

O que é sincretismo?

Existem conceitos que se espalham e que usamos sem muita reflexão. Quando as pessoas notam que existem oferendas no dia 2 de fevereiro para Iemanjá, dia de Nossa Senhora da Luz ou das Candeias, imediatamente classificam que esse seria um gesto de sincretismo, de elementos combinatórios entre a mãe de Jesus e a orixá dos mares. O mesmo poderia ser percebido em Santa Bárbara, tratada como Iansã no candomblé, ou São Jerônimo/Xangô ou São Jorge/Ogum. O mesmo sentimento geral afirma que as combinações eram estratégias de escravos que, impossibilitados de continuar seus cultos tradicionais, disfarçaram o panteão africano com os canonizados católicos. Ir à Igreja do Senhor do Bonfim e lavar as escadas com água de cheiro louvando ao bom Jesus que acompanhava a agonia derradeira era, no fundo, um culto a Oxalá presente no branco das roupas das baianas e nas comidas de homenagem. Esse parece ser um consenso tão universal no Brasil que se assemelha à ideia clássica da origem da feijoada: um prato com restos do porco levados para a senzala e lá cozidos com o feijão-preto enquanto os senhores brancos da casa-grande tinham aproveitado o lombo e o pernil. Como as entidades poderosas iorubas, a feijoada era uma estratégia possível para um grupo oprimido e violentado física e espiritualmente.

A ideia pareceu funcionar e foi bem repetida. A feijoada não é um prato da senzala e não nasceu na colônia. O prato típico da mão de obra escravizada é a farinha de mandioca com carne-seca. A feijoada é urbana e, provavelmente, nasceu na capital do país de então, o Rio de Janeiro. Com variantes expressivas, cozinhar partes do porco com feijão existe em quase todo o mundo.

Voltemos ao sincretismo. O conceito tem um problema: ele implica dizer que existiria uma religião pura e original. Não há. Mitos combinados fazendo surgir uma espécie de signo aberto no qual o Zé do Burro (o personagem de *O pagador de promessas*, de Dias Gomes) vira Iansã e Santa Bárbara ao mesmo tempo, para horror do padre na obra.

Não existe uma religião original ou uma fonte absoluta. Explico-me. O Deus de Israel é fruto da fusão de uma entidade chamada El e outra denominada Iaveh (e suas muitas variantes de escrita). Cada entidade era separada e atingia mais os habitantes do norte ou do sul do corredor sírio-palestino. Há abundantes evidências imagéticas e literárias de que eram seres separados, com narrativas distintas, esposas, imagens específicas e valores apartados. No exílio da Babilônia, sacerdotes costuraram um processo que vinha aumentando fazia anos: a fusão dos dois deuses em uma nova entidade nacional dos hebreus, cada vez mais imaterial e única. Israel passou do politeísmo para a monolatria e, muito mais tarde, para o monoteísmo. As narrativas foram colocadas por escrito por um processo visível ainda nas linhas de colagem da Bíblia. Existe o texto eloísta e o javista e eles foram unificados de forma mais ou menos eficiente pela chamada tradição sacerdotal. Isso explica algumas contradições notáveis do texto bíblico, deixando ainda revelar dois seres completamente diferentes com atributos desiguais.

E o demônio? Talvez seja a mais sincrética das criaturas. A serpente que provocou a queda do homem, a entidade que obtém de Deus autorização para atormentar Jó e o ser que dialoga com Jesus no deserto são completamente distintos. Porém a narrativa cristã uniu todos como Lúcifer ou Satanás, aquele que sussurrava ações maléficas a Judas e que luta contra o Bem no Apocalipse. A costura de toda a ação malévola em um ser específico é um processo de intenso sincretismo.

Maria passou a ser cultuada em Éfeso, mesmo lugar do culto a Diana/Ártemis, uma entidade sempre virgem. A fusão de deusas-mãe do Crescente Fértil com a figura de Nossa Senhora foi bem documentada. Em alguns casos, transforma-se o lugar: o Partenon de Atenas, consagrado a outra virgem, Palas-Atena/Minerva, virou igreja de Nossa Senhora. Dogmas marianos foram proclamados em Éfeso e o processo de construção da imagem de Maria vai até o século XX (dogma da Assunção). Nascer de uma virgem é comum a Mitra e a Jesus. Ressuscitar é lembrado como atributo de Osíris e Cristo.

Todos os deuses e cultos do mundo são costuras de muitas tradições. Mesmo que alguns religiosos fiquem um pouco chocados, heróis submetendo dragões (como São Jorge, São Marcelo de Paris ou Santa Margarida) não começaram com *Game of Thrones*. São mitos antigos e fortes. Como o arcanjo São Miguel pesa as almas em imagens medievais, Anúbis fazia isso há mais tempo no Egito. Tudo no campo do sagrado é feito de sobreposições, imbricações, fusões e mestiçagens.

Sob esse aspecto, tudo é sincretismo, inclusive aquele processo de criação de Deus ou de Maria. Não existe uma religião original e pura ou uma fonte primária. Religiões funcionam como cebolas, com muitas camadas e, enfim, depois de retiradas, inexiste uma essência primeira. Sincretismo é a base de todas as culturas, não apenas de Iemanjá ou Xangô. É preciso ter esperança, esta sim, uma virtude pura e original.

O mármore e a murta

A metáfora, belíssima, é do Padre Antônio Vieira e não é a primeira vez que me valho dela em meus textos. No seu sermão do Espírito Santo, o jesuíta escreveu que alguns povos são difíceis de ser mudados ou convertidos a uma nova ideia. Necessitam de muito esforço e larga catequese. Seriam feitos de mármore, ou seja, duríssimos. Uma vez adquirida a forma árdua com cinzel persistente, tornam-se permanentes. Em oposição, outros povos seriam dóceis à pregação, como o arbusto chamado de murta. Nessa planta, o jardineiro pode produzir formas graciosas em poucos minutos com sua tesoura de poda. O vegetal não resiste à vontade daquele que o corta. Porém, mal o cultivador esculpiu nova forma na maleável planta, galhos rebeldes brotam. O Padre Vieira achava que os indígenas do Brasil seriam como a murta. Na pena do "imperador da língua portuguesa": "Há outras nações, pelo contrário – e estas são as do Brasil –, que recebem tudo o que lhes ensinam, com grande docilidade e facilidade, sem argumentar, sem replicar, sem duvidar, sem resistir; mas são estátuas de murta que, em levantando a mão e a tesoura o jardineiro, logo perdem a nova figura, e tornam à bruteza antiga e natural, e a ser mato como dantes eram. É necessário que assista sempre a estas estátuas o mestre delas: uma vez, que lhes corte o que vicejam os olhos, para que creiam o que não veem; outra vez, que lhes cerceie o que vicejam as orelhas, para que não deem ouvidos às fábulas de seus antepassados; outra vez, que lhes decepe o que vicejam as mãos e os pés, para que se abstenham das ações e costumes bárbaros da gentilidade. E só desta maneira, trabalhando sempre contra a natureza do tronco e o humor das raízes, se pode conservar nestas plantas rudes a forma não natural, e compostura dos ramos".

A partir das figuras de linguagem do inaciano, o antropólogo Eduardo Viveiros de Castro fez um artigo belíssimo e conhecido de todos na área sobre a "inconstância da alma selvagem".

Não tenho a pretensão de analisar nem o Padre Vieira nem Viveiros de Castro. Apenas quero falar da dificuldade em lecionar atualmente. Nossos alunos adolescentes, hoje, não são nem mármore nem murta: não são fáceis de ser convencidos pela fala e não são permanentes na nova forma. Os jovens questionam muito (o que seria bom em si) e sempre acham que aquilo que eles sabem já é suficiente. Muitos são resistentes a quaisquer novas ideias. Instala-se o mármore no ouvido e não floresce a murta no coração. Lecionar é um exercício cada vez mais desafiador à medida que reunimos o pior dos dois mundos. O professor se vê diante do duplo desafio. O primeiro deles é o de comprovar permanentemente que aquilo que ele estuda é significativo e pode levar a uma mudança interna que transforma para melhor. Ao mesmo tempo, com sua tesoura na mão e trabalhando em uma murta fértil, vê que a forma muda logo após o corte. Nunca foi tão difícil dar aula. Nós não temos a aparente docilidade do indígena que tudo ouve nem a suposta segurança dos outros povos que escutam com dificuldade, porém edificam de forma duradoura. Todo professor, em algum momento, já se sentiu inútil ou falando para ouvidos de "marmurta" ou "murtármore". Em outras palavras, temos o pior dos dois mundos: a dureza de um e a inconstância do outro. Cada aula é uma conquista, um esforço diário de sedução e de convencimento. Demanda densa retórica e muitos exemplos concretos para estimular a mudança de visão ou aquisição de um novo hábito.

Para piorar, muitos pais (não todos) imaginam o filho de puro e bem lavrado ouro. Quando, na infância, o pimpolho entregou aquele desenho sem forma, garatujas mal-acabadas, o olhar afetivo começou a insuflar: "Que lindo!". Sim, nada mais bonito do que algo feito com afeto e vindo da pessoa que você mais ama. Será que, em algum momento, existirá a reflexão de que é lindo para mim porque é do meu rebento, porém é menos bonito fora desse quadrado cordial? De tanto elogiar coisas assim, não acabaríamos convencendo nossos filhos e a nós de que o infante tem o talento de Leonardo da Vinci e a agudeza lógica de Isaac Newton? Quem dá aulas sabe que eu não estou inventando ou exagerando.

Crianças e jovens devem ser estimulados sempre. Excesso de senso crítico produz efeitos devastadores na confiança e no empenho. Dosar elogios justos pelo progresso em algum campo sempre indicando que deu um passo decisivo, porém aquela redação não é o próximo prêmio Nobel de Literatura e aquela resposta foi divertida e proporcional a alguém de 13 anos. Vieira analisou o material vegetal ou pétreo das almas discentes. Eu incluo o jardineiro na reflexão.

Educar é um desafio. Respeitar cada fase e saber que alguém que começou a estudar formas literárias ainda tem um longo caminho; e que as perguntas originais de um pré-adolescente em Geometria nascem do desconhecimento, e não do brilho genial e precoce de um novo Pitágoras. Elogiar quando existe um progresso, indicar que pode crescer mais, que houve imperfeições aqui e ali, dar perspectivas e comparações e ensinar que, acima de tudo, o erro é o mais sólido instrumento de aprendizado da espécie humana: eis alguns caminhos para andar entre mármores e murtas.

Para nós, professores, uma rota: criticar sem destruir, indicar onde existiu conhecimento, mostrar um caminho de aprendizado. Para todos os pais: seu filho é inteligente, porém, há outros na sala, igualmente ou mais brilhantes. Mantenha a esperança no mármore clássico e na murta ecológica.

Em nome do talento

Jamais confie no artista. Confie na história.
D. H. Lawrence

Aristóteles foi considerado a maior mente filosófica que já existiu. Por vezes, falavam dele apenas como o Filósofo, com letra maiúscula, significando que seu nome passara a ser o exemplo perfeito do que seria o intelecto superior. A cabeça privilegiada do professor de Alexandre Magno abarcou quase todos os setores do conhecimento humano. Não é possível falar de ética, retórica, metafísica, política e de outros conceitos nos últimos dois mil e trezentos anos sem passar, no Ocidente, pelos textos dele. Graças a Tomás de Aquino e a outros, talvez não seja possível sequer falar de Deus sem apelar a raciocínios do filho mais ilustre da cidade de Estagira.

Quase todo professor de História e de Filosofia já passou pela experiência de citar a opinião do Filósofo sobre escravidão. No ensino médio ou na graduação, falamos que ele defendia a possibilidade de "escravos por natureza". Mesmo elaborando algumas restrições (gregos não deveriam escravizar gregos, condenava abusos de autoridade sobre o escravo, a escravidão derivada da guerra era questionável, defendeu a emancipação etc.), Aristóteles diz que a antítese entre superior e inferior é encontrada em todos os lugares da natureza (corpo-alma, intelecto-apetite, homem-animal) e seria vantajoso para os dois lados o mando de um sobre o outro. Diante de alunos escandalizados, sempre falamos do erro do anacronismo: julgar alguém do passado pelos nossos valores. Cobrar que o Filósofo tivesse outra ideia seria tão ilógico como apontar como defeito o desconhecimento de inglês por parte do pensador. Será?

Apesar de gestos e opiniões contraditórias, o grande escritor José de Alencar, em pleno século XIX, indicava uma solução paternalista para a escravidão, algo destacado pela pesquisadora Dayana Façanha, da Unicamp (*Política e escravidão em José de Alencar: O tronco do ipê, Sênio e os debates em torno da emancipação (1870-1871)*, Alameda). Uma emancipação, sem indenização aos "donos", dos escravos seria, para o criador de *Iracema*, uma violência. Muitos indicaram que o político conservador e autor romântico não seria um escravagista ilimitado, todavia os recursos retóricos que Alencar utiliza para falar da escravidão o aproximam de alguns pontos da *Política* de Aristóteles, com o agravante de o cearense ter acesso a muitos e fortes argumentos contrários à prática no século XIX.

Talento permite absolvição permanente? A ideia de anacronismo perdoa crimes de todos os tipos apenas porque estavam "em outra época"? Nosso extraordinário poeta Carlos Drummond de Andrade não parece ter encontrado graves obstáculos entre suas convicções políticas de esquerda e trabalhar para a ditadura do Estado Novo. Com o mesmo talento literário com que faria o revolucionário poema da "pedra no meio do caminho", o mineiro serviu ao ministro Capanema durante o período mais fascista da Era Vargas. Carlos Drummond trabalhou com competência e esforço para o governo que prendeu Luís Carlos Prestes e enviou a companheira do líder comunista para a morte. O mesmo poeta escreveria para a *Tribuna Popular*, jornal ligado ao Partido Comunista, quando a anistia trouxe os militantes para uma breve primavera legal. Deveríamos abandonar a leitura d'*O Guarani*, de Alencar, ou do poema "E agora, José?", de Drummond, por causa de incoerências ou por valores considerados estranhos ao nosso universo moral?

O que fazer com as opiniões misóginas de Nietzsche ou Schopenhauer no século XIX? Como superar as referências politicamente incorretas de Monteiro Lobato? Como tratar o racismo declarado de Jorge Luis Borges? Muitos que apedrejam a memória de Borges perdoam a admiração de outro gênio por outro ditador: Gabriel García Márquez a Fidel Castro.

Avancemos. A pianista Valentina Lisitsa nasceu em Kiev, em 1973. Sua interpretação da famosa (e dificílima) sonata 29 para piano, de Beethoven, é algo que deve ser procurado na internet e ouvido com devoção. Apesar do local de nascimento, Valentina apoia a causa russa no debate com a Ucrânia pela ascendência da família. Ela fez postagens pró-russos nos atritos sérios entre os dois países. Em 2014, a linguagem dura que ela usou nas redes sociais foi considerada inapropriada por muitos. No ano seguinte, o concerto que estava marcado com a Orquestra de Toronto foi cancelado. O debate é sempre o mesmo: ela tinha sido contratada por ser pianista, e não por ser especialista em conflitos do Leste Europeu. Houve quem dissesse que isso era cercear a liberdade de expressão e surgiram vozes afirmando que instituições nacionais como a orquestra canadense eram referência de ética e não poderiam defender uma "vista grossa" de que o talento apaga quaisquer infrações. O debate é interminável.

Israel fez restrições a Richard Wagner pelas odiosas opiniões antissemitas do músico, bem como pela adoção das suas óperas como parte da estética do movimento nazista. O regente e compositor Richard Strauss condenou o nazismo em privado e exerceu cargo musical durante o período de Hitler. Um tipo de Carlos Drummond de Andrade? Emprego e ideário político seriam caixas separadas no cérebro? São perguntas importantes. As respostas são complexas. Toda vez que um artista renomado aceita cargos em governos, o debate retorna. Felizes somos nós, que não temos cargos nem o talento dos gênios citados, apenas nossa combalida esperança.

PARTE 4

O desafio da comunicação

O filósofo Wittgenstein afirmava que os limites da minha linguagem seriam os limites do meu mundo. Paraíso-prisão e ilha-universo, a língua, a comunicação, os gestos simbólicos e todos os outros quejandos constituem grande parte ou o todo da nossa percepção do mundo.

Pensamento cetáceo

Convivendo muito com minha orientadora de doutorado na USP, criei a expressão "pensamento cetáceo". Se a querida leitora e o estimado leitor tiverem um pouco de paciência, creio ter identificado uma tribo específica da espécie humana que pode conter gente da sua família em seu seio.

Eu falava da professora titular Janice Theodoro. Ela pensa muito, discute ideias com habilidade e colaborou imensamente para questionar minhas zonas de conforto. O rico universo interior (somado à tradição psicanalítica) fazia com que ela debatesse um tema denso com maestria e leveza em um jantar. Com o andar da carruagem gastronômica, íamos vendo diversos tópicos. Havia, em Janice, um universo interior distinto: ela continuava pensando na conversa que a movera naquele dia, mesmo horas depois de o assunto, aparentemente, ter se extinguido. Exemplo prático: falávamos no conceito de barroco colonial mexicano, chegávamos à obra de Heinrich Wölfflin e à desconstrução de alguns pressupostos de Jacob Burckhardt e, com alguma probabilidade, terminaríamos pensando no vinho a nossa frente. Porém, pasmem, queridas leitoras e estimados leitores: Janice prosseguia internamente no conceito de barroco enquanto o assunto já se transformara em vinho, comida ou outra amenidade. Em alguma sala do Palácio da Memória, o conceito ainda pulsava, fluía e, sem aviso prévio, voltava como um gêiser inesperado. Eu estava pegando o carro e ela soltava frase forte e com ênfase gestual: "A Capela do Rosário em Puebla!". O que a belíssima peça do barroco colonial mexicano poderia iluminar no momento com o manobrista? Nada, aparentemente, se eu pensasse na minha tradição linear cartesiana e na minha noção agostiniana de tempo. Porém, o primeiro debate da noite tinha voltado à tona de forma abrupta, como uma baleia que, após longo mergulho, se ergue imperial em busca de ar, alçando seu corpanzil ao sol, acima das águas, para, em seguida, cair estrondosa na água cristalina. Eis a descrição do meu conceito: "pensamento cetáceo".

As baleias são mamíferos que podem mergulhar a profundidades abissais. No entanto, o apelo da respiração acaba chegando. Como os golfinhos, podem morrer afogadas nas águas em que nasceram. Boas nadadoras e exímias mergulhadoras, no entanto, continuam mamíferas e dependentes dos pulmões. Na superfície, só as vemos quando respiram. A superfície é a conversa audível. Ali, estamos nos vendo, baleias, golfinhos, navegadores e flutuadores em geral. O tema submerge na vastidão dos oceanos. Em graciosos movimentos ondulatórios, o tópico volta mais adiante, quando, para quem está na superfície, ninguém mais pensa nele. Efeito cetáceo seria o costume de voltar a um foco já largado em oceano passado e sem nenhuma introdução.

Defendo o grupo de animais marinhos que englobei no título da crônica. Vivem, como Janice, imersos em solilóquios. Os cetáceos costumam pertencer a uma família expressiva marcada pela inteligência e um diálogo consigo muito forte. Não se confundem com os meros distraídos ou com os indivíduos fechados em sua casmurrice. O cetáceo clássico é dotado de uma imensa lógica narrativa. Ele pode ser uma dificuldade para o resto do mundo porque não exibe todo o fio narrativo e apenas surge, quase uma epifania, com uma nova conclusão e, depois, volta ao mundo hídrico invisível.

O pensamento cetáceo parece indicar uma capacidade de autocentramento muito sólida. Seriam partes soltas de uma corrente: algo pode ser engatado ali, mas não é da natureza do elo estar associado. Imagino que a sociabilidade mais vaga ou superficial seja um sofrimento.

Aprendi muito com Janice e declaro, com plena consciência de verdade, ser um devedor intelectual eterno. Nem sempre consegui seguir o canto profundo quando o corpo desaparecia das marolas oxigenadas da casca do mundo. Percebendo apenas os espasmos espaçados e recortados do mundo dos vivos não aquáticos, não identificava a linearidade humanística de tudo que era enunciado. Talvez seja o erro de comunicação mais comum: eu interpreto que o total do dito coincide com o total do pensado e que a palavra enunciada seja o único e derradeiro significado do significante.

Viver tende a diminuir nosso olhar duro e vaidoso. Quando encontrei pela primeira vez minha futura orientadora, em 1987, eu era mais preocupado com o rigor da tradução de um termo teológico do que capaz de admirar a sutileza cetácea. Aprendi tanto, especialmente sobre comunicação e a diferença entre saber dados e interpretar culturas. A passagem da erudição ao conhecimento necessita de um passaporte especial. O papel de formador é mais sofisticado do que o de informador. Há uma boa tradição acadêmica de conversas, debates, de ouvir e de falar que constitui uma riqueza insubstituível. Janice, até hoje, reclama do declínio do que ela, com razão, chama de filia acadêmica. Tive esse privilégio em salas da USP, na casa dela, em pizzarias e em viagens. Crescia, inclusive, quando tocávamos "Summertime" (de George Gershwin), eu ao piano e ela ao contrabaixo, em memoráveis noites na rua Joaquim Antunes. Minha formação clássica esbarrava na *blue note* do balanço do jazz. Trinta anos depois, tropeço ainda, mas agora sei que Bach é uma pedra na estrada da vida, e não o Universo. Talvez seja isso que uma boa pós-graduação possa nos trazer: amplitude, diversidade, questionamento e descoberta de outras alvenarias. Agradeço sempre aos cetáceos em geral e à Janice em particular. É preciso ter esperança.

Ler o inimigo

A Revolução Francesa debateu longamente a liberdade de expressão. A censura do Antigo Regime que levara gente como o Marquês de Sade ou Voltaire para a Bastilha era uma asfixia terrível para os iluminados do fim do século XVIII. Iluministas proclamaram a necessidade da liberdade e Rousseau enfatizou a democracia. Em busca de um avatar para um novo tempo, o bom Beethoven dedicou sua "Sinfonia Heroica" a Napoleão, o demolidor de tronos. Depois, vendo que o novo continha muito do que combatera, rasgou a dedicatória, desiludido. Vozes céticas já tinham alçado voo antes do músico alemão. No isolamento britânico, Edmund Burke desconfiara dos ventos revolucionários quando eram uma brisa ainda, sem o ciclone do terror ou o furacão napoleônico. Para o conservador irlandês, uma ruptura do porte da Revolução Francesa era perigosa e irromper o novo sem compromisso com o que nos precedeu causava mais danos do que benefícios. No século XIX, outro autor, Tocqueville, escreveria obra com reflexões de suspeitas sobre a democracia, desta feita a do Novo Mundo.

A mais claudicante democracia seria melhor do que a mais ágil das ditaduras? Difícil responder com clareza fora do estado idealizado das coisas. Amamos a democracia como uma abstração e a liberdade como uma utopia. O Estado Democrático de Direito é defendido por muitos e seguido por alguns. Existe um pessimismo determinista que pode ser baseado no historiador Hippolyte Taine, que gozou de imenso prestígio no século XIX e quase esquecimento nos cursos de História de hoje. Ele pensava muito no meio geográfico, no problemático conceito de raça e de uma conjuntura específica que levaria homens a agir de forma certa ou errada. Tocqueville achava que a opinião do senso comum expressa em votações maciças e populares levaria o senso comum ao poder, o homem mediano (quase que, de forma anacrônica, diríamos, o populista). O povo votaria em quem dissesse o que desejava ouvir, nunca o que precisaria ouvir. O povo não estava errado. Apenas seria, dedução algo aristocrática do juiz Tocqueville... o povo. Taine diria que o povo era condicionado e que suas ações poderiam, inclusive, ser previstas. Em outro par anacrônico, poderíamos dizer que Tocqueville era o pensador sobre o populismo e Taine, o idealizador do algoritmo médio do consumidor-eleitor.

Citei Burke, Taine e Tocqueville. Eles são (por rumos diferentes) clássicos conservadores fascinantes: beleza do texto, influência sobre o pensamento, ideias fortes e permanente abertura para novas interpretações. Funcionam como Santo Agostinho ou Karl Marx: não dependem da pífia opinião passageira de uma onda política ou de um leitor que seleciona seus textos pelo viés de confirmação do seu mundinho. Ler Pierre-Joseph Proudhon, Rosa Luxemburgo ou Roger Scruton não é decidir entre crisântemos ou margaridas em uma floricultura: são todos obrigatórios para quem pensa Estado, revolução, política ou poder.

Vamos a outro exemplo. Taine era um positivista? Um conservador burguês da academia francesa? Ao descrever o Antigo Regime, ele fala que "todo fisco tem duas mãos", uma visível que explora o cofre do contribuinte e outra invisível, que se esconde atrás da mão de um intermediário que disfarça o fato de ser uma *nouvelle extorsion* [uma nova extorsão],

(*Les Origines de la France Contemporaine – L'Ancien Régime*: *Le Peuple*, cap. 5). Taine faz pensar como tantos do século XIX que trataram do sistema de impostos. Nada mais define a inteligência do que perceber isso: ao descrever a odiosa taxa sobre o sal, a gabela, ele acaba construindo teorias e análises sobre o fisco, o agente local, o agente central e a percepção popular do imposto. Quando alguém iniciante no mundo do conhecimento me diz que não lerá Taine porque ele seria conservador ou positivista, penso que essa pessoa nunca sairá do estágio infantil do saber, ou seja, não permitirá que o lido questione e esgarce suas convicções. Em um mundo em que tantos atacam as ideias de Gramsci e tão poucos leram o ativista italiano, é sempre revolucionário recomendar a Bíblia para ateus, Marx para liberais, Burke para revolucionários e Gramsci para pensar educação. O resto é *slogan*, grito de guerra de tropa, axioma vazio e, como toda bactéria rastaquera, com alto poder de contaminação.

Faz anos que digo a mesma coisa. Não é possível ler tudo. Não é sequer viável ler a maioria das obras sobre um único tema. O primeiro passo é tratar dos clássicos que formaram o tema e alguns dos seus maiores comentadores. O inimigo nunca é, de fato, o "marxismo cultural" ou o "neoliberalismo"; o inimigo é sempre a ignorância. Se você quer pensar, leia. Não o comentador, não um vídeo de YouTube, não um resumo simplificado. Leia o original. "Mas é complexo demais!" Paciência. O caminho não tem apenas flores. Se você quer combater uma ideia da qual discorda, leia mais ainda. Leia sobre a ideia e quem a formulou. Depois, leia os comentadores e críticos clássicos. Para formar uma ortodoxia, é fundamental conhecer a heresia. Quem sabe se, lendo, a crença cega vira argumento? Sempre acreditei com esperança na hipótese.

A virtude do silêncio

Benjamin Moser cita (faço sem consultar o texto lido há alguns anos) que Clarice Lispector foi convidada para um jantar com um conhecido. O anfitrião, desconhecendo a pouca afeição da autora à sociabilidade, convidou outro casal. Na saída, irritada, a mais brasileira das ucranianas disse que não sabia que haveria muita gente à mesa. O episódio aqui mal citado de memória remete ao conto "O jantar", da mesma Lispector, e traz o trivial relido sob a subjetividade de um observador. Aparentemente, o conto parece indicar uma pessoa, Clarice, mais feliz em observar alguém jantando do que em participar de uma refeição como comensal.

Ela ficava atormentada com a presença de muita gente. Entendo-a. Infelizmente, não posso ter a justificativa dela de ser tão brilhante na percepção do indizível que a algaravia externa atrapalhe. Uma mulher genial como Clarice pode dizer: "Não fiquem conversando comigo, pois estou criando *A paixão segundo G.H.*". O mundo se calaria com respeito similar aos milaneses que, diante do prédio onde o compositor Verdi convalescia, colocaram feno nas ruas para que as carruagens e os cavalos não perturbassem a enfermidade grave do criador de melodias da "Traviata". Para Clarice e Verdi, teríamos o obséquio da mudez. Gênios podem ser chatos, misantropos isolados para que saia a obra definitiva e impactante. Nós? Seremos apenas chatos ao querer silêncio ou isolamento.

O mundo oferece sístoles e diástoles sociais, como um coração. Expande-se ou contrai-se o órgão, cumprindo suas funções vitais. A função pública, a vida em meio a grupos, palestras e aulas e todo o processo expansivo, faz parte de algo natural e até desejável. As ocasiões sociais ensinam, introduzem novas pessoas e desafiam no sentido positivo. Acho que, com o tempo e a personalidade, tendemos a querer um pouco mais de isolamento.

Li que os finlandeses valorizam muito o silêncio, que só deve ser quebrado em um transporte público tendo em vista mal iminente. A notícia me faz desejar Helsinque como alguns anelam Paris. Imagino um ônibus onde eu esteja imerso em um livro e ninguém, jamais, nunca tenha a ideia de perguntar se o livro é bom. Essa questão, para mim, é similar a interromper um casal no meio de uma relação erótica e pedir aos envolvidos uma avaliação minuciosa do momento e se recomendam alguma carícia em particular.

Sou colocado em uma sala esperando uma palestra ou outro evento. De repente, chega alguém, compadecido da minha solidão, e decide que seria gentil ficar conversando comigo. Sou bom em conversa rápida com pessoas desconhecidas. É um treino de anos. Etimologia do nome da pessoa, dados familiares, pequenas questões sobre algum símbolo ou joia que o interlocutor esteja usando, comentários interessantes para preencher o silêncio e o vazio. A questão é que o vazio não precisa ser preenchido, porque ele não é ruim. O silêncio externo aguça o interno. Tenho saudade dos *Exercícios Espirituais de Santo Inácio de Loyola*, um mês de retiro em quase total silêncio. A ordem religiosa dos trapistas e seus prolongados períodos de silêncio também me animam muito. Li o grande trapista Thomas Merton prestando atenção se a sabedoria dele era fruto do que ouvira ou do que calara.

Sim, querida leitora e estimado leitor, gosto de companhia e de conversas. Tal como Harold Bloom, confesso que é difícil a competição entre o mundo descrito nos livros e as conversas em geral.

O coração funciona entre aberturas e fechamentos. Retraindo e expandindo, ele cumpre sua missão. Surgiu uma categoria nova de silêncio: o dos celulares. Nada falo, mas fico digitando e tagarelando pelos dedos. Pior, preguiçosos em geral adoram gravar mensagens de voz, algo que abomino profundamente. Alguém pode ser um gênio e dizer que não deseja muitos convidados. É o silêncio brilhante da Clarice. Alguém pode transmutar-se em místico denso e fascinante como um trapista. É o silêncio de Merton. Por fim, alguém pode dizer a um político desagradável: "*¿Por qué no te callas?*". É a vontade de silêncio real de Juan Carlos. Gênios, santos e reis podem adotar ou impor o silêncio. Nós, mortais atarefados ou entediados, temos de falar e de ouvir sempre. Nosso laconismo não é adornado pelo QI extraordinário, pela coroa da glória celeste ou pelo diadema real da Espanha. Porém caberia aqui o desejo utópico de um botão *on/off* sobre o barulho circunstante? Não apenas conversas, mas gente vendo vídeos sem fone de ouvido no avião, pessoas narrando seu cotidiano de um desesperador tom sépia e, por fim, sibilar de vozes gravando ou ouvindo longuíssimos trechos narrados ao celular...

O mundo é um lugar barulhento. Dizem que os anjos cantam hosanas sem cessar no céu. O inferno, afirma-se, tem o som forte de choro e ranger de dentes. Haveria um espaço sem barulho algum? Teremos de buscar na Finlândia esse paraíso terreal repleto da paz imperativa do silêncio? Ruas sem buzinas, salas sem celulares, aeroportos sem avisos e o débil som das folhas do outono caindo, farfalhando, tênues e poéticas. O que será que ouviríamos se não fôssemos todos algozes do frágil silêncio? É preciso ter esperança.

O nome que eu desejo e o apelido que eu tenho

Há povos que gostam de apelidos. Brasileiros, hispanos e norte-americanos estão entre os principais. Quase ninguém imagina que Bill Clinton seja, na verdade, William Jefferson Clinton. Difícil supor que um Pepe mexicano seja José e um Pancho tivesse chegado ao batistério como Francisco. Bem, qual estrangeiro suporá Chico como apelido de Francisco? Em eras pré-politicamente corretas, abundavam os "japas", os "chinas", os "gordos" e os "carecas". Hoje, tudo implica risco.

Além do apelido, existem apostos que qualificam mais do que uma simples alcunha. Por vezes, são qualificativos positivos: Alexandre, o Grande; Luís XIV, o Rei-sol; Luís XV, o Bem-amado; e, no campo republicano, Simon Bolívar, o Libertador. Podem ser eufemismos para defeitos, como a indecisão crônica de Filipe II da Espanha. A história oficial o registra como Filipe, "o Prudente". Há as diferenças nacionais.

A única rainha do Antigo Regime português é conhecida na terrinha como Dona Maria I, a Pia. No Brasil, por vários motivos, ela é "a Louca". Há qualificativos que implicam ida ao dicionário. José de Anchieta é "o Taumaturgo" (aquele que faz milagres) e São Leopoldo, imperador da Áustria, é conhecido como piedoso e margrave, um administrador de fronteiras. Há profissões que se tornam superiores ao portador: Joaquim José da Silva Xavier, o Tiradentes. Quem lembraria do genial artista Mestre Didi se soubesse que sua denominação de registro civil é Deoscóredes?

É interessante chamar a última soberana Tudor, Elizabeth I, de intensa vida sexual, de "a Rainha Virgem". Em sua homenagem, surgiu a Virgínia, na costa atlântica dos Estados Unidos. Tenho de imaginar, se a retórica de adulação da corte inglesa fosse mais crua, qual teria sido o nome da terra nova da coroa? Deixo aos estimados leitores e às queridas leitoras o exercício de imaginação para rebatizar a Virgínia com maior realismo.

Por fim, os mais interessantes, claro, são os qualificativos pejorativos. Luís VI da França é "o Gordo" e Carlos II da Espanha é "o Enfeitiçado". Luís II da França passa à história como "o Gago" e um imponente Plantageneta é apenas um... João Sem-terra. O pai de Carlos Magno tem qualificativo ambíguo: Pepino, o Breve. O mais venenoso parece ser reservado para o rei de Castela: Henrique IV, o Impotente.

Os qualificativos para famosos são uma maneira de defesa dos fracos. Não posso derrubar presidente, não tenho a fama de um craque, não tenho o dinheiro de fulano: tasco-lhe um apelido como a vingança do bagre diante do hipopótamo. Rio um pouco, divulgo diante do meu limitado grupo igualmente ressentido e me sinto vingado. Apelidar de forma negativa é, quase sempre, reconhecer minha inferioridade.

Fazer graça com a característica alheia pode revelar o mico interno de cada um de nós. Nosso macaquinho é inferior aos grandes símios. Em choques, apenas temos a possibilidade de subir rapidamente em galhos mais finos do que os rivais poderosos poderiam. Escalar e gritar: orangotango bobo, gorila vacilão, chimpanzé flácido! Lá de cima, protegidos pela nossa fraqueza-força, rimos do maior. Apelidar é defender-se e tentar, ao menos na fala, vencer quem parece superior a nossas forças. Classificar o outro de tonto traz alívio; por exclusão, eu não sou.

O apelido pode ser carinhoso, todavia, com frequência, é agressivo em tempos de redes sociais. Ocorre um fenômeno curioso. Os pais, orgulhosos dos seus rebentos, colocam nomes civis longos, abusam das consoantes dobradas, aspirações nobiliárquicas e multiplicação de termos. O nome contém um quase-título de barão, uma passagem que faz o portador sair da pasmaceira do comum e flutuar entre os escolhidos de estirpe inatacável.

Os afetos intensos de mães e de pais, somados a forte ressentimento social, são o solo fértil para registros que, olhados de forma distante, parecem indicar linhagens de duques sólidos desde a Primeira Cruzada. Ao afeto com nomes desmedidos, choca-se a realidade do uso cotidiano.

Como pronunciar aquele exercício de imaginação pretensiosa? Como chamar brevemente a pessoa que ostenta um verdadeiro tratado no seu simples nome? Aí emerge o apelido para simplificar o mundo. Qualquer exemplo que eu der será tomado como ofensa capital.

Assim, querida leitora e estimado leitor, só resta pedir que você imagine seu colega de sala ou vizinho que ostenta aquele nome que parece um verso alexandrino e saber que, invariavelmente, a imponência será sintetizada em palavras de uma ou duas sílabas.

Princípio impossível de ser ignorado: ao pensar o nome do seu filho ou filha, suponha as possibilidades de apelidos como parte da estratégia da escolha. Nem sempre os olhares sobre o ser que você gerou serão de total complacência e simpatia. Pode ser que, diante de olhares públicos ou de dependentes financeiros, o nome seja enunciado com toda pompa. Assim foi com o rei James II, Stuart, na Inglaterra. Pelas costas e quando os anglo-saxões já tinham destronado o odioso monarca, ele passa para a história como "James, *the Shit*". O decoro de um texto em um livro tão importante impede que eu faça a exata tradução do termo. Ao fim, todos sabemos, o tempo revela e desgasta nossas pretensões e solenidades. É preciso ter esperança.

Só hoje

E se hoje, apenas hoje, exclusivamente no momento em que começou a ler este livro, começasse uma fase completamente diferente da sua vida, um instante a partir do qual você recusaria convites que nada acrescentam, com pessoas que dizem sempre a mesma coisa, indo aos mesmos lugares e fotografando sem parar tudo porque nada acontece de verdade?

Se apenas no glorioso dia em curso você se assumisse sem culpa, cedendo ao inesperado, sem ser o que o mundo desenha para sua pessoa há anos? Se exclusivamente agora fizesse algo que adia sempre? Se apenas no rico e atual instante tudo ocorresse sem ser por um roteiro alheio que você incorporou como o educado, o correto, o adequado, aquilo que lhe faz amada ou amado?

E se conseguisse dizer que o valor "chave" para ser querido tornou você um ser apenas previsível, domesticável, adestrável, limpa ou limpo, palatável para padrões que você nem imagina se são seus ou não porque jamais foram questionados?

No lindo dia adiante, existe a primeira e espetacular chance de pensar se o rumo está correto, se sua função profissional trouxe o que esperava, se suas relações afetivas funcionam e se a maneira de você utilizar seu tempo faz crer em vida e não em ampulheta automática que está se esgotando?

Um dia, como pensou Henry David Thoreau, para ir ao "tutano das coisas", para saber que vale a pena o resto da sua biografia, uma ocasião para não prestar contas, evitar fórmulas desgastadas e essa data para deixar de ser fora de si. Se exclusivamente hoje, como imaginam os sábios métodos dos Alcoólicos Anônimos, só pela jornada até a meia-noite, você acordasse em outra versão de si próprio, incorporando o que nunca conseguiu expressar, vivendo, intensamente, aproveitando, apenas?

 E se, finalmente, entendesse agora que não pode mudar o mundo de acordo com sua vontade, que cada um segue seu caminho e seu ritmo e que, quando concordam ou discordam de você, nada disso tem relação com suas atitudes ou conselhos. Se apenas agora você imaginasse o mundo como algo dado e que não será redimido com sua pressa, com sua impaciência, com sua raiva ou com sua boa intenção?

 E se somente agora você decidisse por um lema para deixar as coisas seguirem, que vai do "*che sera sera*" a "*hakuna matata*", de "deixa a vida me levar, vida leva eu" ao mais sábio de todos os lemas, o mais grandiloquente, o mais retumbante por todos os séculos: o silêncio?

 E se hoje a insanidade alheia não o incomodasse, se o cara que buzina parecesse um ser que precisa transferir raiva de uma vida humilhante para o trânsito, se os grunhidos dos transeuntes fossem sons de pessoas solitárias, fingindo ocupação em seus celulares?

 E se, apenas no instante em curso, você entendesse que nada existe a ser feito por aqueles que precisam ainda trilhar muito e que você não é mais ou menos do que eles, apenas não tem a chave para a descoberta alheia? Que dia seria este?

 Finalmente, se toda a gritaria ao seu redor cessasse e você ouvisse sua voz, aquela apagada, profunda, estranha pela raridade, a que responde por você e não pelo filho que sua mãe esperava, pela esposa que seu marido pede ou pelo pai que a propaganda insiste que você seja? E se hoje você atendesse pessoas no consultório, desse aulas na escola, dirigisse seu táxi, varresse calçadas ou administrasse empresas pensando que o máximo da sua capacidade é insuficiente para muitos, mas suficiente para você?

Se as horas que restam do dia em curso fossem usadas para fazer algo significativo e adiado há tempo sob vários pretextos? Se aquela vida nova não fosse postergada mais, porém, subitamente, começasse agora. Se os sonhos não fossem mais empurrados e se a vida imaginada desse seu primeiro passo após essas poucas linhas?

E se agora fosse o momento certo de parar de escrever melhor o roteiro da sua vida e começasse a frase do diretor: ação? E agora, você chutaria a bola em direção ao gol, parando de pensar na velocidade do vento, no olhar hostil do goleiro e na vastidão da trave? Se fosse o momento de fazer e a estratégia tivesse como novo nome o aqui e agora?

Que dia glorioso seria! Não a jornada de fogos de artifício e de elogios, de aprovação geral com suas boas ações. Não! Seria exatamente o oposto: o mundo no qual você não mais esperaria espetáculos pirotécnicos ou aplausos. Em que errar seria verbo positivo, necessário, sinônimo de vaguear. Sua vida deixaria de ser um show de domingo em caça de ibope e os atos seguiriam sua consciência tranquila. Que dia! Que jornada gloriosa e inovadora! Que espaço revolucionário de horas estaria aberto diante de sua vida!

Entretanto, como você não tem mais 11 anos, sabe que tais dias são raros. O comum é seguir levando, vendo como as coisas se desenrolam, reagindo a coisas maiores, exclamando o mesmo sempre e fotografando muito para ninguém. E chegarão os dias depois de hoje com a mesma e repetitiva carga de compromissos que você, como pessoa responsável e confiável, cumprirá com desvelo. E tudo se repetirá até o fim.

Um dia, cercada de parentes e colegas zelosos, sua lápide registrará que ali jaz alguém que consumiu todos os dias existindo apenas. Foi exemplar, dirão todos, sem especificar exemplos. Deixou de existir sem nunca ter sido, pensarão os mais críticos. É preciso ter esperança, ao menos no dia de hoje que, em horas, terá passado para sempre.

Rotulo, logo existo

Nosso cérebro é uma complexa estrutura forjada por milhões de anos de evolução. Por outro lado, é também primitivo e foi lapidado para seres trogloditas que viveram há milhares de anos. É curioso pensar que o mais refinado, erudito e urbano dos moradores deste planeta tenha o mesmo *hardware* que um caçador coletor que passou a vida errando em uma pequena área de algum lugar em busca de comer, aquecer-se e garantir a reprodução.

Estou sendo injusto em minha descrição. Nosso primitivo ancestral era capaz de realizar pequenas cirurgias, tecer, fazer ferramentas de pedra. Tente criar algo assim em casa e você verá que somos menos autônomos do que um coletor do Paleolítico. Mas estou sendo preciso quando comparo nossos cérebros.

Desenvolvida para uma chave amigo-inimigo, nossa mente tende a rotular tudo o que vê, julgando a novidade de acordo com seu conhecimento prévio. Isso garantiu nossa vida por muitas gerações: se eu comer algo que me faz mal, toda vez que olhar para algo semelhante, sentirei repulsa. Nosso cérebro rotula de acordo com a percepção de nossos sentidos. Isso pode ser bom para evitar perigos, porém cria problemas para nossa atualidade.

Se eu tivesse que arriscar um esboço do que seria o pensamento médio das pessoas, hoje em dia, ele seria similar ao da mente primitiva dos antepassados paleolíticos. Formamos bandos com facilidade. Yuval Harari chama a atenção para como a detração é uma poderosa cola social.

Fofocando, crio laços, forjo alianças, consigo favores, ganho poder. Desde sempre, nossa espécie previamente classifica o que vê antes mesmo de buscar compreender o que tem na sua frente. O pavor instintivo da novidade me faz rejeitá-la. Repetir o que é conhecido foi estratégia evolutiva para que o homem primitivo continuasse andando pelo planeta.

É claro que nós também somos conhecidos por sermos uma espécie que foge da natureza animal e que cria e modifica culturas. Portanto, há também um instinto inquisitivo, que gosta de descobrir coisas novas, explorá-las. No entanto, a sensação é que ele anda em baixa em nossos tempos. Nosso *software* quer novos programas; o *hardware* se apega à classificação empobrecedora de bom/ruim e desconhecido/conhecido.

Retorno ao ponto central: o que faz alguém ler uma manchete, ouvir um trecho de uma fala e, instantaneamente, apontar o dedo e dizer: "Fulano é liberal, esse é comunista" etc.? No geral, quem afirma isso nem sequer tem clareza do que é liberalismo ou comunismo, tampouco consegue passar da superfície do que diz seu interlocutor, seja texto, imagem, pessoa, vídeo ou áudio. Classificar, para o cérebro primitivo que se contenta em viver na caverna, é mais importante do que entender. Por quê?

Encerrar em caixas herméticas dá segurança. Começamos com a minha tribo e a do outro. Se é da minha, diminuem as chances de ataque. Classificar é a primeira forma de dominar e de se defender. O vício entrou em nós. Da tribo, passamos a gostos musicais e sexuais ou escolas artísticas. Será que a peça é rococó ou maneirista? *Art déco* ou *nouveau*? Primeira ou segunda fase do Romantismo? Naturalismo ou Realismo? Classificar não é ruim ou errado.

Supor que algo esteja controlado mentalmente por estar etiquetado é, no fundo, estupidez.

Há, pelo menos, duas formas de entender o fenômeno. E elas não são excludentes. Talvez até se complementem. Vejamos. A primeira corrente vê na estupidez da rotulação imediata um traço humano. Sempre fomos estúpidos, violentos. A sociedade ficou mais complexa, criamos leis que dificultam ser assim, mas, em nossas essências, somos os mesmos de sempre: estúpidos. Por outro lado, há quem afirme que o tempo curto da internet, o imediatismo atual, produz superficialidades, impede o raciocínio profundo, pois este requer o questionamento de bolhas epistêmicas e, mercadoria cada vez mais rara e cara, tempo de reflexão, ponderação. Há idiotas que encontram eco em bandos de pessoas como eles e isso potencializa os danos. Não seria uma essência, necessariamente, todavia um feitiço, uma tentação oferecida por algoritmos do universo digital. O canto da sereia nos atrai para a morte. Ambas as teorias podem se juntar numa poderosa, mas talvez equivocada, explicação: somos todos primitivos e temos tendência ao preconceito; quando nutrimos o oposto, escapamos da caverna; mas, quando sucumbimos ao tentador de grupos de redes sociais, o verniz vai embora e o troglodita volta a comandar nosso cotidiano.

Trata-se de um treinamento reverso. Tudo pede que você classifique continuamente. Resistir à tentação é um desafio. Pensar em aprofundar, dar uma segunda olhada, fugir do rótulo: parecem ser atitudes que exigem o desafio da vontade férrea. Deixar que sentidos mais amplos invadam sua percepção sem julgar e engavetar de imediato é um ato de resistência. Abrir espaço para complexidades é boa meta.

O resto? O rema-rema de frases superficiais, senso comum e a celebração da boçalidade. Quem sabe, um dia, descubram que se trata de uma bactéria específica transmitida pela digitação. O remédio continua sendo ler com atenção, duvidar como método, analisar possibilidades fora do que está posto e nunca ser o representante da verdade na Terra. Ah, e ajuda abandonar redes sociais por pelo menos uma hora por dia. É preciso ter esperança.

O sangue nos olhos

Minha mãe sempre enfatizou que d. Maria Schlusen, minha avó, tinha uma inclinação apaixonada pela querela. Ela foi amorosa conosco, porém, suas doces cucas de canela e maçã mal disfarçavam a vocação colérica. Litigante, dada a tirar satisfações, chegava-se a insinuar que a veneranda d. Maria não alugava casas exatamente para auferir lucros, todavia para ter enfrentamentos com os muitos inquilinos. E os tinha, a mancheias...

    Há pessoas, como eu e muitos dos meus estimados leitores e queridas leitoras, que não têm a plena serenidade sábia e, de quando em vez, elevam a voz e espumam sua bílis. Porém, toda vez que tenho alguma fúria por motivo forte ou fútil, sou acometido de profundo arrependimento seguido de mal-estar. Cada explosão mostra minha infantilidade, minha vaidade, minha insegurança, meu limite e minha dificuldade em atingir o estado pacífico que filósofos e teólogos exaltam como meta de vida. Mais do que quaisquer elevados autores que eu tenha absorvido na defesa da tranquilidade, o próprio envelhecimento colabora para diminuir descontroles. Por vezes, sou calmo porque falta energia mesmo; em outras, minha alma estoica nasce da diminuição crescente do valor da opinião alheia ou dos atos de terceiros.

    A tribo de d. Maria é de outra cepa. Não são os que se irritam e depois gemem sob o peso da falta de equilíbrio. Falo dos que, genuinamente, gostam da raiva e continuam discutindo com alegria no clangor das armas levantadas ou baixadas. É um tipo que tem abundado nas redes sociais. Não sofrem com os enfrentamentos; buscam, com denodo, a briga. Evitam a conciliação. Suspiram pelo desafeto depois de o choque ter arrefecido e reacendem o rastilho de pólvora. Ligam para retomar a briga. Quando as cinzas se depositam sobre a tormenta, enviam novas mensagens para aumentar o desentendimento. Trata-se do genuíno tipo colérico.

Estou inundado pela felicidade do bom desempenho do meu time? Não basta! Devo provocar o adversário até o limite e um pouco além, quiçá. Recebi mensagem agressiva de adversários políticos em minhas redes sociais? Posso ignorar, apagar, bloquear ou usar dezenas de outros recursos. O colérico vibra e começa a responder e segue no bate-boca com empenho cívico. Se o outro não responde ou demora, insiste e posta algo ainda mais agressivo. Como aguçado olfato de urubu, ele é atraído pelo cheiro podre da carne em decomposição.

A raiva é um sentimento poderoso e magnético. Foca o raivoso em algo e, naturalmente, disfarça todas as outras dores. Não é estranho que ela faça muito sucesso hoje. Se eu odeio algo, nada mais sinto sobre meus dramas. Ter um tema que me perturba impede que eu olhe para outras questões.

Quando eu era adolescente, tínhamos de medir nosso destempero. Existiam punições imediatas. Havia pouco espaço para gostos pessoais das crianças. No mundo dos outros adolescentes, tínhamos de medir nossos gestos. Irritar alguém maior ou um grupo poderia significar dor. O que mudou? Um elemento central: posso insultar virtualmente, ser um corajoso atrás de um avatar, enfrentar o mundo deitado no sofá. As redes sociais retiraram a responsabilidade. Tanto faz o seu tamanho, sua força ou suas alianças: eu sou o Zé34 com foto falsa e posso enfrentar o mundo de forma impune. É uma coragem com carapaça de canalha, escondida, protegida, submersa em fluxos intangíveis e viscosos.

D. Maria Schlusen tinha alguns limites. Sabia quem ela poderia enfrentar. Era irritadiça, todavia não insana. Mesmo assim, recebeu revides importantes na sua existência. O navegador atual não precisa de nenhum cuidado. Basta querer atacar e expressar seu ódio. Todos são iguais ao navegar e isso anima a covardia interna.

Acho que a grande dor do raivoso virtual é que o mundo real continua existindo. Atacam o time adversário e ele segue ganhando. Insultam quem foi eleito e a pessoa permanece eleita. Quase desencarnam se seu desafeto foi liberado da cadeia e a pessoa continua liberada. A coragem de sofá faz barulho, ainda que todos tenham percebido que é de uma eficácia limitada.

Bem, a fama é uma mercadoria e o "linchamento moral" pode ser um dado importante e, quase sempre, é instrumentalizado como ação a serviço de uma ideologia. Não irei desenvolver isso, apenas o odiador real, aquele que não ganha para postar aquilo. Esse é um ser fascinante. Passa o dia odiando, bufando, babando, adjetivando e... gosta. Seu ácido não parece corroer suas entranhas; ao contrário, alimenta-as. Como os urubus, parece estar preparado para o lixo que ingere. São feios como os abutres, porém eficazes como todo carniceiro.

Levei muito tempo para entender a dor de algumas pessoas. Hoje tenho maior compreensão. A dor pertence a ela, exclusivamente a ela, disfarçada, claro, das mais elevadas pretensões morais. Observar essas pessoas é um exercício antropológico. Incomodar-se com elas, hoje eu sei, é um erro. Elas estão ali e sempre estarão. Representam todo o ressentimento da nossa espécie. O desafio é blindar-se contra a dor alheia. É preciso ter esperança e, certamente, alguma serenidade.

Agora é hora!

As pessoas que trabalham comigo conhecem uma frase que virou quase um mantra: "Agora é hora". É uma ironia/reclamação sobre coisas lembradas ou feitas em momento inadequado. É uma alusão à falta de "*timing*", de cronometragem estratégica.

    Quando a frase aparece? Alguém faz um voo comigo de duas horas. Quando o avião pousa e estamos indo embora, a pessoa precisa ir ao banheiro naquele instante. "Agora é hora", eu digo. Estou em casa o dia todo e, saindo para um compromisso, alguém fala de uma lista de coisas que eu devo fazer antes de sair de casa. A frase volta. Por vezes, só posso pensar. Sou convidado para um almoço e nos sentamos todos à mesa. A pessoa que convida se levanta porque não há guardanapos. Cinco minutos após, observa que não colocou uma jarra de água. Nova interrupção. A salada? Começa e, ops!, o azeite tinha permanecido na cozinha. Até o cafezinho, já houve uma atividade física louvável de se sentar e se levantar e meu cérebro repete: "Agora é hora".

    O famoso *timing* é a capacidade de pensar um sistema antes de surgir a necessidade. Tento entender sempre a origem. Todos já esquecemos alguma coisa. Porém existem pessoas "*post-facto*", "*a posteriori*", "faísca atrasada" e outros termos eruditos ou chulos. A necessidade faz a ação e nunca pode ser antecipada. Uma amiga, em plena quarentena, mandou mensagem gentil aos nossos celulares: fará um brinde por ocasião do aniversário dela. Horário marcado e repassado várias vezes: 20h. Ela pede que todos estejamos preparados para o evento virtual. Passa um *link* para o grupo com a lembrança do horário e do objetivo: erguer uma taça à vida que, mesmo afastados temerariamente, celebraremos. Cinco minutos antes, reforça o *link* e o objetivo único do encontro: o brinde! As pessoas vão ligando as câmeras. Ao lado do meu computador, meia hora antes do evento, disponho um balde de gelo e uma minigarrafa de champanhe. Rolha semiaberta para não atrasar ninguém. Fico olhando para o relógio e pela taça lavada e sobre um guardanapo. O horário chega! Os rostos conhecidos e felizes vão surgindo. Alegria, votos, frases de celebração fluem pelo espaço. São poucos e seletos os convidados à festa virtual. A aniversariante ergue a taça e nos convida ao declarado brinde. O que acontece? Duas pessoas dizem ter se esquecido da bebida. Saem da imagem e vão procurar uma garrafa e um copo. Demoram. Ficamos com as taças no ar, esperando as faíscas tardias. Uma volta com uma garrafa e demonstra dificuldades com a rolha. Outra constatou que nada tinha em casa e encheu um copo de água. Meu cérebro já repetiu dez vezes: "Agora, de fato, é a hora...".

Como eu já disse, todos nos esquecemos de algo em algum momento. Não há ser humano imune à falha da memória. Alguns abusam, contudo. Minha pergunta é sobre o caráter pedagógico de cada erro. Esqueceu-se? Acontece? Quais as medidas para que o fato não se repita? Lista de tarefas? Cartazes diante do computador: "é um brinde, traga uma bebida!"? Alarmes de celular? A falta de estratégia atinge também a escassez de soluções para evitá-la.

Existem procrastinadores crônicos, indivíduos que deixam tudo para a hora derradeira. Necessitam da adrenalina do prazo se esgotando. Curiosamente, possuem bastante consciência do que devem fazer, apenas estão viciados na tensão de saber se conseguirão. Falo de outra categoria existencial: as pessoas incapazes de pensar o minuto futuro, o dia seguinte e o resto da vida. Seguem a bela música de Zeca Pagodinho: "deixa a vida me levar, vida leva eu". São, em geral, mais leves do que os estratégicos ansiosos como eu sou. Talvez confiem na simpatia humana universal, que serão compreendidos sempre, que podem sorrir ou usar do recurso sedutor: "Ah, Leandro, você que é tão previdente teria trazido um guarda-chuva extra? Teria uma aspirina na sua mochila? Um lenço de papel?". Como os previdentes se orgulham do seu *timing*, no fundo, também gostam de ver a falha alheia porque ela é o carvão que serve de contraste ao seu suposto diamante. Se eu já escrevi aqui que um casal precisa de um jardineiro e de uma flor, o estratego está cercado de pessoas caóticas quanto ao item em questão.

Pode ser uma divergência de interpretação bíblica. Possivelmente, conheçam a abertura do capítulo 3 do livro do Eclesiastes: "Tudo tem o seu tempo determinado, e há tempo para todo o propósito debaixo do céu". Para o estratégico gestor de tempo, é o momento anterior. Para o ser "*a posteriori*", é o instante que decorre após a demanda ter surgido. O capítulo encerra anunciando que o tempo de Deus é eterno e que nós, humanos, não voltaremos para ver o que será depois da nossa morte. Assim, tanto os ansiosos com a estratégia como as pessoas mais tranquilas morrerão um dia. Nenhum retornará para ver a obra milimétrica de um e a reação caótica de outro. Aquele que tudo dispôs previamente e aquela que decidiu ir atrás da garrafa depois de iniciado o brinde, ambos repousarão no fundo do solo ou em uma urna de cinzas. Claro, eu que repito o mantra da hora já arranjei tudo sobre meu enterro. Lá, do meu caixão já pago e com o fundo musical determinado há anos, testamento preciso e flores exatas, rirei da minha amiga na capela ao lado que a todos pegou de surpresa com o passamento. Verão meu cadáver irônico e frio murmurar de forma estranha e quase inaudível: "Agora é hora!". Perca a hora, nunca a esperança de gente estratégica.

O caco e o fônico diante do mar

Todas as línguas possuem sua melodia específica. As germânicas têm palavras que soam como canhões em um espocar denso e quase afrontoso. As latinas funcionam como metralhadoras com balas de vogais a cada gatilho consonantal. A consoante é um obstáculo para quem nasceu falando as línguas derivadas de Roma. Gostamos de colocar o som livre e sem impedimentos a cada muralha. O erro é conhecido por uma das mais medonhas palavras da língua portuguesa: suarabácti. Meter vogais como quem recheia pastéis, nosso vício das margens do rio Tibre até o Tietê. Exemplos de suarabácti? "Adevogado", "pineu", "o incrível Hulki"; "piseudo" e, passando pela avenida Paulista, o "Méqui 1000", consagrando nossa indefectível inclinação pelo grupo A, E, I, O, U. A origem da palavra é sânscrita. O fenômeno é mais amplo, a tal da epêntese que eu já citei em crônica. Ocorre dentro das nossas raízes: a *blatta* latina vira a nossa barata, com vogal e nojo indissociáveis.

Palavras são sempre ricas; nem todas, belas. A mais horrorosa da língua de Camões é fronha. Franzimos o cenho ao pronunciar. A careta é inevitável. Pronunciar fronha é feio; mordê-la é inconfessável.

Já houve nacionalismo e sugeriu-se banir o termo de avós britânicos: futebol. Nunca conseguimos usar o ludopédio mais honroso com nossa tradição clássica. É palavra natimorta. Poderia ser condutor, piloto em alguns sentidos, auriga como metáfora poética e até o terrível termo automedonte. Bem, a pior proposta para substituir o elegante *chauffeur* nunca "pegou": cinesíforo!

Usando de um vocábulo pouco comum em textos sóbrios de jornal respeitável, cito outra palavra duplamente bela: pelo som e pela imagem. Na verdade, pudico que sou, deixo que autoridade maior a enuncie. Assim, se o senhor e a senhora supuserem que o vocábulo enxovalha sua leitura, queixe-se com Carlos Drummond de Andrade: "A bunda, que engraçada. Está sempre sorrindo, nunca é trágica. Não lhe importa o que vai pela frente do corpo. A bunda basta-se. [...] A bunda se diverte por conta própria. E ama. Na cama agita-se. Montanhas avolumam-se, descem. Ondas batendo numa praia infinita. Lá vai sorrindo a bunda. Vai feliz na carícia de ser e balançar. Esferas harmoniosas sobre o caos. A bunda é a bunda, rebunda". Viram? Uma linda palavra. Mais curioso. Ao pesquisar a etimologia do termo, encontra-se a língua que a deu a nós, o belíssimo quimbundo. É forte e bela. Você pode usar para sua esposa ou seu marido, em louvor ao termo descrito ou em homenagem ao que a área foi um dia. As nádegas são de uma frieza indevassável, quase termo médico. Glúteos fazem a língua sofrer para soltar o som. O galicismo metafórico *derrière* parece coisa de casa de tolerância da *Belle Époque*. Trata-se da palavra eufônica por excelência. Sua menção pode ser alvo de condenação moral, mas traz a todo homem e toda mulher as mais sinuosas recordações. Os gregos chamavam a imagem de Vênus (quando bela por tal aspecto) de calipígia. Sim, um termo clássico e técnico que mostra a habilidade do cinzel do escultor. Não tem a alegria que Drummond identificou no poema. Vemos a deusa exibindo carnes no Museu Arqueológico de Nápoles. Também podemos identificar, no mesmo museu, atributo similar na estátua do Hércules Farnésio. Mas... calipígio é cacofônico, parece aula de grego ou latim. O legal está no poeta de Itabira: "A bunda são duas luas gêmeas em rotundo meneio. Anda por si na cadência mimosa, no milagre de ser duas em uma, plenamente". É um termo forte e belíssimo, evocador, cheio de luz e de inspiração.

Falando de frente ou de costas, sussurrando junto à fronha ou proferindo *lives*, as palavras devem ser respeitadas na pronúncia clara e com entonações. As consoantes explosivas como p e b devem soar bem. O f (e seu som fricativo) pode diminuir a temperatura da fala. O uso original do ão, algo tão específico da nossa língua, reaquece o ritmo e distingue se você tem como língua materna o português. Amo o som da minha língua e a imagino desejável, sedutora, calipígia. Recito versos em voz alta e meço a sonoridade. Uma vez (isso poderá ser usado em uma audiência para minha interdição judicial no futuro) recitei Camões em praia deserta utilizando a técnica do orador Demóstenes: colocando obstáculos na boca e retirando, um a um, para aumentar a clareza. Não quis arriscar seixos, utilizei pastilhas de garganta que levava. Falar ao mar, ouvir-se, enunciar, marcar o ritmo. Dou detalhes para que não reste ao probo juiz nenhuma alternativa ao manicômio judiciário.

Os cacos da minha língua são parte da arquitetura da minha alma. Camões disse que morreria em e com Portugal. Vendo tanta gente falando com pouco cuidado nas redes sociais, sinto o mesmo comigo e com a Língua Portuguesa. Morreremos os dois, felizes, recitando Drummond na praia deserta do amor retórico. A "flor do olvido" (outro termo do poeta) é sutil. É preciso ter esperança, uma linda palavra.

PARTE 5

Ver e ouvir

Os olhos pousam sobre a cena. A percepção é um fenômeno biológico. Além da capacidade óptica, devemos sempre trazer à lembrança que a imagem deve ser decodificada em um cérebro marcado por cultura, biografia e subjetividade. A luz da imagem "entra", a leitura no palco da consciência é aleatória. O mesmo pode ser dito de todo som captado. O que significa ver ou ouvir? Quais os filtros e vieses do processo?

A tentação teatral

Isabel de Portugal era filha do rei d. Manuel, o Venturoso. A Lisboa que testemunhou o nascimento da princesa, em 1503, era o centro europeu do comércio de especiarias. O domínio da rota para as Índias, aberto por Vasco da Gama, tornava a mão da jovem muito desejada. Não bastasse o pai ilustre, o reino rico e avós importantes (os reis católicos da Espanha), ainda veio ao mundo com uma beleza descrita em prosa e verso no Renascimento e pintada por Ticiano. Tão insigne dama foi entregue a noivo privilegiado: Carlos, também neto dos reis católicos, herdeiro do reino vizinho e futuro imperador do Sacro Império Romano-Germânico. Era um casamento de altos interesses que, curiosamente, foi entretecido de genuíno afeto dos príncipes. Do felicíssimo casal nasceria o sucessor do Império Espanhol, Filipe II.

Isabel cativava a Corte com sua fidalguia, sua formosura e seu tino político. Administrou o reino como regente mais de uma vez. Seu encanto físico e carisma despertavam a admiração em muitos, como em Francisco de Borja. Francisco tinha como bisavô o célebre Papa Alexandre VI e era um dos seletos "grandes de Espanha". Também casado com uma portuguesa, o admirador da rainha teve oito filhos. Com a morte do pai, tornou-se o quarto duque de Gândia.

A esposa de Carlos V, após catorze anos de produtiva união, teve sua saúde abalada em definitivo pelo acúmulo de febres antigas e de um parto malsucedido. A bela imperatriz faleceu em Toledo, arrastando o marido a um luto profundo.

Mandava a etiqueta que o cortejo fúnebre fosse acompanhado pelos elementos mais notáveis da aristocracia castelhana. Francisco foi convocado para a tarefa. O cortejo chegou à Andaluzia e cumpriu o mais tétrico dos itens do protocolo: abrir o ataúde, verificar novamente a identidade da falecida e, com o testemunho geral, depositá-la no túmulo. A abertura foi impactante. Todos ali tinham testemunhado o esplendor de Isabel em vida. O que contemplaram foi o efeito da morte sobre um corpo. Não era um esqueleto, um seco símbolo da finitude humana. Era carne apodrecida, decomposta e de cheiro insuportável, contraditoriamente adornada com trajes reais.

A visão deve ter sido forte para todos, todavia calou mais fundo no coração daquele que, a distância, era mais devotado à rainha: o jovem Francisco. A tradição registra que o nobre percebeu, naquele átimo, o caráter transitório da beleza, o vazio da vaidade humana e a vacuidade da matéria. Ele teria jurado nunca mais obedecer a mortais. Aquele momento é chamado de "conversão de Francisco de Borja", como ele mesmo registraria em depoimento posterior. O nobre viria a se tornar jesuíta e, depois, assumiria o posto de geral da Companhia (o terceiro no cargo). Por fim, terminou canonizado. Origem de tudo? A decepção com as vaidades mundanas ao contemplar o cadáver da soberana defunta.

No século seguinte, o artista Pietro della Vecchia pintou o espetáculo macabro e o espanto do futuro santo que, do céu, é iluminado pelo IHS, monograma de Jesus e símbolo dos jesuítas. O Padre Pedro de Ribadeneira S. J. narra que, desde aquele dia, Francisco de Borja desejou sair do círculo de poder e de riquezas a que suas funções e família o obrigavam.

A cena, o quadro, o escrito de Ribadeneira e tudo o mais levam a uma concepção teatral, forte, de iluminação ao estilo Saulo de Tarso a caminho de Damasco. Gostamos de *turning points* precisos e que joguem luzes para o devir. Nossa vida constrói memórias, e as mais queridas são aquelas que podem ser descritas de forma mais teatral. Não apreciamos processos lentos, preferimos fatos surpreendentes. Nunca fomos fascinados pela árdua formação sistemática, porém adoramos "estalos de Vieira" (tudo mudando em um instante).

A experiência pode ter causado imenso impacto sobre Francisco de Borja? Provavelmente. O real costuma ser menos focado em um momento. Devemos lembrar que ele já havia manifestado desejo de entrar para a vida religiosa antes de se casar. No mesmo ano da morte da linda Isabel, 1539, Francisco aceitou o cargo de vice-rei da Catalunha, função que ele exerceria pelos anos seguintes.

Em 1543, Francisco assumiria o ducado com a morte do seu pai e também seria um político administrador das questões locais. Enviado a Portugal para uma missão diplomática envolvendo o casamento de Filipe II, fracassou e se retirou da vida pública. Em 1546, ficou viúvo. Em 1551, tantos anos após aquele dia, ele, enfim, retirou-se do ducado e tornou-se padre da Companhia de Jesus. Morreu em Roma, como geral da Companhia de Jesus, em 1572. A "virada" apresentou prefácio e longos desdobramentos até a conclusão.

Francisco de Borja foi notável em vários sentidos, inclusive ao fugir de uma nomeação ao cardinalato. O que escrevi é que a história de uma transformação total a partir de um episódio terrível não foi o único fator da mudança do jovem. Houve um processo que o tornara religioso antes da "conversão" e um que o mantivera homem do mundo após a cena.

Nós, contudo, amamos o momento isolado. Uma boa novela de televisão, um romance da moda e um filme *blockbuster* necessitam de "mudanças decisivas". A vida real segue mais lenta, mais para um gotejar homeopático do que gêiser explosivo. A arte ama reviravoltas súbitas. Nossas biografias demandam resiliência constante e esperança eterna.

A fala do inimigo

A Democracia é uma invenção grega aperfeiçoada por acontecimentos e ideias como a Magna Carta Inglesa, o "*habeas corpus*" (também britânico), as Revoluções Gloriosa e Francesa, a Independência das 13 colônias, o movimento Cartista do século XIX (pelo voto universal masculino) e por pressões de trabalhadores, mulheres e negros que forçaram a ampliação da noção de voto e de participação. Ela é sempre imperfeita e por isso rica e complexa: a Democracia está fadada ao conceito de construção permanente. A ideia democrática também tem uma sina: corre perigo permanente por causa das suas virtudes e... dos seus equívocos. Como advertia Aristóteles, pode degenerar em demagogia ou, termo mais estranho e muito importante, oclocracia, a multidão nas praças controlando os rumos de um Estado de acordo com oscilações passageiras.

Um dos maiores privilégios da Democracia é a liberdade de expressão. Ela se torna central para estimular pensamento crítico, evitar conchavos reservados e escusos, manifestar a diferença de uma sociedade e a heterogeneidade natural do humano. Incluída na "Bill of Rights" fundamental dos Estados Unidos, dominante na Declaração dos Direitos Universais do Homem da ONU e defendida na nossa Constituição de 1988, a liberdade de expressão é eixo definidor de todo o resto. Ilimitada? O próprio texto constitucional já imagina seu abuso nas figuras jurídicas da calúnia, da difamação e da injúria. Mas, importante, a afirmação continua livre, a lei maior apenas garante defesa a quem se sentir prejudicado pelo ataque de outrem.

Não existe vida democrática sem liberdade de expressão. Sua falta danifica mais o edifício democrático do que o eventual abuso. Liberdade de expressão implica, sempre, o risco de ouvir besteiras, injustiças, insanidades, asneiras, sandices, desvarios, idiotices completas e, até, afirmações admiráveis.

Sou um cidadão brasileiro expressando ideias por escrito e falando muito. Como todo ser humano, posso dizer inverdades ou defender coisas sem nexo. Outros cidadãos podem, gozando da liberdade de expressão, admirar o que eu digo, redarguir, discordar em parte e no todo e, inclusive, como é comum no mundo de redes, atacar com adjetivos variados. Tudo é parte da liberdade democrática. O público lê meu argumento, vê o alheio, pondera, e segue o seu próprio. Nas contradições discursivas, cremos, a ideia se aperfeiçoa. Qual o defeito estrutural de uma censura? Acreditar que um indivíduo ou um corpo restrito de pessoas sejam os detentores da verdade e substituir o debate pela convicção de um ou de poucos. Mesmo que o déspota seja esclarecido, ele não é capaz de calcular o alcance das medidas se não ouvir as reclamações ou sugestões dos atingidos.

Como eu disse, liberdade de expressão incomoda. Exemplos? Em 2013, a ativista cubana Yoani Sánchez veio ao Brasil e apresentou uma opinião crítica do regime cubano. Assim que desembarcou, foi acusada por um ruidoso grupo, com gritos e cartazes, de ser agente da CIA. Um manifestante afoito puxou com força o cabelo da jornalista. Ela se manifestou espantada, porque lutava para que aquele tipo de manifestação pudesse ocorrer em Cuba também.

Passados quatro anos, recebemos outra visita internacional, a filósofa norte-americana Judith Butler. Seus temas de pesquisa envolviam o conceito de gênero. Na porta do

Sesc Pompeia, em São Paulo, manifestantes contra e a favor gritavam. Um site apresentava 300 mil assinaturas pedindo o cancelamento do evento. De novo: muito bom que se debatam pareceres distintos, todavia o processo se repete: não querem ouvir o que se afasta da zona da crença. Não é um debate, é um cala-boca. Nisso, há militantes de esquerda e de direita que se assemelham terrivelmente: ditadura é só no outro campo e liberdade de expressão é só a minha. Lamento sempre tais equívocos.

Miriam Leitão e Sergio Abranches foram desconvidados de um evento literário no Sul do país. De novo, não se trata de discordar, ou de comparecer ao evento e ouvir argumentos para achar outros. Trata-se do "não quero ouvir" e "você não pode falar". Não gosta de Miriam Leitão? Existe uma solução sempre ao seu alcance: não leia as obras dela, não assista a ela, não siga a jornalista nas redes sociais. Discorda de ideias dela? Outra solução excelente na democracia: escreva um livro desdizendo o dela ou participe da sua palestra e, educadamente, traga dados opostos que demonstrem o possível equívoco. O resto é ignorância, autoritarismo de direita e de esquerda, incapacidade de ouvir o contraditório, infantilidade e sempre: sedução pelas ditaduras. Temos um longo caminho pela frente. Por mais que alguns detestem, a sociedade é compartilhada por muitas outras pessoas e, incrível, algumas delas não têm minha luz e meu discernimento. Debata com elas e, assim, o farol ofuscante do seu saber poderá brilhar ainda mais e rasgar a noite da ignorância dos seus inimigos. Afinal, se seus adversários são "idiotas" ou "analfabetos funcionais", qual o risco que você correria? É preciso ter esperança e muita, muita paciência democrática.

O triângulo

Foram duas epidemias no ano de 2020. A primeira, trágica, de coronavírus. A segunda, sem vítimas, a das *lives*. Não eram apenas médicos dando opiniões aguardadas sobre doenças ou cantores famosos nos ajudando a superar o confinamento. Todo mundo decidiu falar para o mundo.

O anonimato virou a dor mais aguda do mundo da internet. Disputas de *likes* e de fãs são fundamentais de uma forma objetiva: transformam-se em dinheiro. O argumento seria objetivo e bom: desejo ser conhecido porque preciso de recursos materiais. Ponto. "Monetizar" as intervenções na internet talvez seja o novo "concurso do Banco do Brasil". Na minha geração, a instituição pública era um caminho indicado pelas mães de classe média para seus rebentos. Aquelas senhoras que se orgulhavam da aprovação dos filhos no disputado concurso, hoje tornadas avós, comentam que seu neto tem 1 milhão de seguidores.

O ponto subjetivo das *lives* é mais interessante. Ser conhecido é existir. O anonimato é a morte dolorosa em vida. Novidade? O grego Heróstrato tocou fogo no Templo de Diana, em Éfeso (atual Turquia), unicamente para... ser lembrado pela posteridade. Virou uma doença que atinge criminosos e terroristas, a "síndrome de Heróstrato", mal daqueles que fazem atos violentos com o objetivo de serem conhecidos. Seríamos herdeiros dele? "Quem me cita me excita", como li em uma página da internet. Um novo Eros, uma veleidade, uma forma de tocar a eternidade possível do mundo atual, um ou dois verões no *hall* da fama.

A fama é tudo, o anonimato, o vazio angustiante. Fala-se de uma dor que acometeria celebridades como membros do programa Big Brother Brasil: viram estrelas supernovas no céu e, em poucas semanas, escasseiam convites e o *trending topic* vira a pergunta "quem é ele"? "Ex-BBB", ainda assim, parece ser um purgatório preferível ao vácuo do anonimato eterno.

As críticas à fama, claro, abundam em quem não a possui. O desdém da raposa pelas uvas inalcançáveis foi alvo de muitas reflexões de Esopo a La Fontaine. Racionaliza-se a frustração. Sim, nossos ataques falam de nós e de nossas dores. Em inglês usa-se a expressão "*sour grapes*" para o amargor profundo do cacho não degustado.

Ainda que levemos em conta o demônio de olhos verdes do ciúme e da inveja, o que é a fama? É dinheiro, já vimos. Assim como alguns juízes perdoam o "crime famélico" (a vítima rouba para comer), os gregos poderiam ter ignorado o ato incendiário de Heróstrato, pois ele buscava a mesma perenidade dos que tinham construído o templo que seria uma das sete maravilhas do mundo antigo. Como condenar no terrorista o idêntico impulso do arquiteto? A morte de Lady Di foi atribuída, pelo irmão enlutado, aos tabloides sensacionalistas que não permitiam que a infeliz princesa tivesse vida privada. Ele comentou que era irônico que a mulher que tinha o nome da deusa caçadora (Diana) fosse a mais caçada do mundo de então. O público concordou e ficou horrorizado com a fúria dos *paparazzi* que lutavam por fotos indiscretas que o mesmo público horrorizado consumia avidamente. Hipnose de dois lados, espelho duplo, comida e fome em um *looping*. O Templo de Diana foi queimado por um louco por notoriedade e Diana Spencer lutou para chegar à fama e queimou-se porque havia devotos da deusa da caça travestidos de caçadores.

Ganharemos em profundidade percebendo que o site de fofocas precisa de três ângulos para formar a figura equilátera: a entidade pública que busca (com sofreguidão) o néctar da fama, o público faminto que deseja ver para saber e para criticar e, por fim, o repórter/fotógrafo/editor que identifica a dupla necessidade e contata os polos que reclamam. O triângulo do jogo da fama é um polígono estável. Uma constante? Atribuir o mal ao vértice oposto: "Eles não me deixam em paz" complementa "esta gente só quer *flashes*" e "o público tem direito à informação; e eu, ao dinheiro".

A fama nunca incomoda? Claro que sim. Uma vez, em um programa de televisão, Sidney Magal me confessou que não pode mais dormir em um voo. Não importa a duração da viagem, se ele cochilar, virará vídeo no YouTube. Como cantor profissional há décadas fazendo sucesso, Magal precisa de imprensa e de público. Não existe um botão *on / off* da celebridade. Bruna Lombardi disse, certa feita, que levara seu cachorro ao veterinário. O animal sangrava, e ela estava angustiada. Algumas pessoas queriam *selfies* quando ela entrou no consultório. É difícil equilibrar o triângulo.

Reflito e acho que não tem solução. Cada parte gostaria de enquadrar a outra em algum cercadinho de controle. Todos (celebridade, fã, imprensa) são humanos com carências e necessidades. Circulando entre eles, uvas verdes e maduras. Por um instante, o famoso quer anonimato e paz; o anônimo anela haurir do prestígio com a fama, e o *paparazzo* quer ganhar dinheiro com ambos. Todos, conhecidos ou obscuros, sofremos de "síndrome de Heróstrato". Tantas coisas a conhecer em nós e lutamos para descobrir a vida alheia. Talvez, como a personagem Kurtz de *Coração das trevas* (Joseph Conrad), o horror do mundo distante distraia sua escuridão interna. Em resumo, autoconhecimento ajudaria a raposa, melhoraria a qualidade da uva e, de sobra, tornaria o texto de La Fontaine melhor. Esperança para o inverno que se aproxima.

O mensageiro

Os latinos diziam que não devemos matar o mensageiro (*Ne nuntium necare*). Era uma reflexão sábia que procurava evitar uma prática histórica. Dario III, o último imperador persa, executou Charidemos por não ter gostado das notícias trazidas. Pior, além de narrar a derrota para o governante, o embaixador ainda analisou que a culpa pelo desastre diante de Alexandre Magno passava por erros estratégicos do último Aquemênida.

Dario III tivera uma ascensão difícil ao trono. Intrigas de eunucos em meio a envenenamento de familiares e de rivais. Ele próprio escapou por pouco de morrer em meio ao pântano de adagas e taças fatais da Corte. Já senhor da Coroa do maior império visto até então, entregou-se a prazeres. Cronistas gregos (devemos levar em conta o interesse em atacar a figura do persa) falavam de um governante hedonista ao extremo, que chegava a oferecer prêmios para quem inventasse uma delícia nova que agradasse ao rei dos reis. Um general macedônio, após capturar parte da bagagem e da Corte de Dario III, escreveu sobre a grande quantidade de concubinas músicas, escravos especializados em fazer guirlandas, misturadores de bebidas raras e um pelotão de perfumistas para o serviço imperial. A Corte persa era um lugar de luxo que mal disfarçava os problemas imensos de governantes que buscavam autonomia (sátrapas), o avanço greco-macedônico e o colapso do modelo administrativo que havia sido gestado por Ciro. O mundo no qual o grande Dario vivia era um paraíso cercado de infernos que avançavam para o rei-deus.

O problema era similar ao de tantas outras comunidades de áulicos. A Cidade Proibida de Pequim isolou-se dos súditos do império chinês. Construída para apagar a memória da recente dominação mongol, introduziu entre os Ming uma capacidade de existir do núcleo decisório que quase flutuava acima do tecido social da China. O fenômeno se repete em Versalhes, construída por Luís XIV exatamente porque, quando menino, fora traumatizado pelos levantes violentos das Frondas. Era necessário afastar o poder da sociedade. O grupo de cortesãos persas, a cidade Ming e o Palácio de Versalhes guardam algo em comum: mostram o apogeu do afastamento entre Estado e Nação. No fim do processo? As Cortes perdulárias e distantes vão ficando cada vez mais pesadas para os contribuintes. Talvez seja pior: antes de isso acontecer, cega o Estado. A nação (a totalidade da população e das suas forças produtivas) percebe que o projeto do governo é o poder em si e não o bem-estar de todos no território. Da mesma forma, recebendo recursos e impostos de todo lado, governantes divinizados passam a se considerar um bem em si. Atacá-los passa a ser crime de lesa-majestade e de lesa-pátria. Ou como preferia o tutor do Rei-sol, o eloquente bispo Bossuet, levantar-se contra o rei sagrado e ungido era delito político e pecado mortal.

O mensageiro é o elo com o mundo real. Mimado, dotado de estatura física gigantesca, Dario não queria más notícias, especialmente alguma que falasse da sua incompetência logística na guerra. O mundo dele era de concubinas e de perfumistas. Más-novas fedem e o mensageiro é o único signo do real que ele contempla. Logo, a culpa deve ser do mensageiro. Cercado de aduladores que vivem do elogio e do louvor declarado, o governante perde contato com as queixas dos súditos. O que será mais agradável: cuidar do elegante bailado ao redor de Luís na noite brilhante do palácio ou ouvir uma mulher que perdeu sua casa para cobradores de impostos?

Povoado de eunucos (de fato ou de espírito), o grupo ao redor do soberano é lugar onde a grande questão de Estado é a fofoca pessoal, o insulto, a intriga e as disputas que, diante da sacra majestade, emitem a fala que mais agrade. Nos três exemplos que eu dei, o Estado personificado em um ser sagrado acaba se desligando da nação real. O mundo das guirlandas e bailarinas da Pérsia foi tomado por Alexandre Magno. Dario III terminou assassinado por um ex-colaborador. Os Ming foram apeados do poder por invasores manchus que tomaram o país. O novo poder foi seduzido pelo fausto do antigo e os estrangeiros instalaram-se no mesmo palácio para serem desalojados de lá por outras convulsões no século XX. Versalhes levaria alguns anos, mas acabou sendo invadida pelo povo. Seu ocupante perderia a cabeça. Não adiantou executar todo mensageiro que dissesse algo contra a ordem no mundo de aduladores poderosos. Um dia, a cabeça do monarca pode ser considerada inútil...

As monarquias diminuíram. Mensageiros foram substituídos pela imprensa. Atacar a mensagem não retarda a crise e jamais resolve o problema. Os Aquemênida, os Bourbon e os Ming deram ouvidos a ministros e não a mensageiros. É sempre agradável ouvir aquilo que eu desejo. Ninguém deveria ter medo ou raiva da mensagem. Deveriam ter medo do povo. Ele é volúvel. No domingo, os eleitores gritaram: "Hosana ao Filho de Davi!". Na sexta, berraram: "Crucifica-o!". A culpa não é do evangelista, ele é apenas mensageiro da realidade. É preciso ter esperança na liberdade de imprensa.

A ira das pombas

Os franceses advertem que devemos temer a ira das pombas (*Craignez la colère de la colombe*). Como todo ditado tradicional e popular, é uma mistura de aguda sabedoria e de senso comum. Há dois caminhos interpretativos.

O primeiro remete às pessoas que se controlam muito, são normalmente pacíficas e dadas a doces arrulos. Irritadas, acumulam dor e não respondem. A represa da raiva vai se enchendo até o limite do insuportável. Enfim, quando a doce pomba não aguenta mais, o ódio extrapola os limites do razoável, e ela abre mão do equilíbrio e, tão doce quanto fora ou pretendera ser, transforma-se em uma harpia violenta.

O segundo sentido pode incluir a docilidade quase impotente das aves. São mansas porque aparentam ser fracas. É a humildade não derivada de prática moral, todavia de incapacidade de ataque. Há pessoas que buscam o "deixa disso" nas brigas por fraqueza, o que as distingue do autêntico pacifista. Possuem o mérito do realismo.

As pombas não possuem a força das águias. A plumagem é inferior à do pavão. O canto não se aproxima do rouxinol ou do uirapuru. O voo não tem a majestade épica do condor. Não edificam ninhos caprichosos como o joão-de-barro ou imponentes como os da cegonha. Claro, o voo de uma pomba não é o bailado gracioso do beija-flor.

Todas essas comparações são humanas e não devem afetar sentimentos ornitológicos. E, como projeção antropomórfica, sinto as pombas ressentidas.

Temam a cólera das pombas. Acautelem-se com a raiva de quem se sente fraco e é atingido por comparações. Cuidado com a dor do bando que congrega tantos ressentimentos, sonhos frustrados e desejos reprimidos. "Por que eu não tenho admiradores como o falcão?", pia a pomba, pesarosa. "Por que a *live* do canário teve tantos seguidores e a minha, nenhum?", "Por que eu sou menos do que a ave-do-paraíso?" Como Esopo, crio animais que refletem para uma lição moral. A utopia zoológica serve a muitos para correção da distopia humana.

Os animais não são ressentidos. Os problemas deles são objetivos. Comer, acasalar, construir ninhos e sobreviver. Bichos nunca são de esquerda ou de direita. As sardinhas não contam piadas de portugueses e a relação dos dois grupos é antiga. Os grupos podem se enfrentar, jamais constituem ideologia e propaganda. A alva coruja jamais frequentou reunião racista sobre os urubus. O delgado pardal não pensa que o robusto avestruz é destituído de amor-próprio. O colibri se abastece de doce néctar e a seriema tem as cobras como prato mais desejado; nenhum se vangloria sobre a dieta alheia.

Nossa projeção humana é universal. Machado de Assis disse que o vaga-lume inveja cada estrela que contempla ("Círculo vicioso"). As estrelas, pequenas no céu, jogam seu azedume sobre a Lua. Nosso satélite contempla o Sol com ciúme. E o imenso Sol afirma pesaroso: "Pesa-me esta brilhante auréola de nume... Enfara-me esta azul e desmedida umbela... Por que não nasci eu um simples vaga-lume?". A figura poética é linda. É pouco provável que os insetos se projetem nas estrelas. Somos nós que vivemos imersos no cego desejo do outro e projetamos sobre o humílimo vaga-lume nossos anseios.

Contrario o ditado inicial. As pombas não apresentam cólera. Elas não maceram fel pelo ato de existir. Talvez seja um tipo específico de consciência. É provável que sejam auxiliadas pela inexistência de redes sociais entre as emplumadas. Não podendo curtir o perfil umas das outras e jamais tendo fotos da vida extraordinária de outra pomba em praça distinta, vivem ali, no aqui e agora contínuo.

Projetamos sem cessar. Fazemos isso sobre os animais, insetos e elementos astronômicos. O pior é que projetamos sobre os outros. Sonhamos grandezas e, como um falso pássaro, Ícaro, caímos com frequência. As araras-vermelhas, por serem vermelhas, desconfiariam dos papagaios em verde e amarelo. Motivo? Cores diferentes...

Pombas são metáforas voadoras. Raimundo Correia imaginou a saída e o retorno de cada uma dessas aves ao pombal. A casa delas seria como o coração humano, segundo o autor maranhense. Um a um, como aves, os sonhos disparam no azul da adolescência. Melancólico, o poeta aproxima pombas e sonhos: "Mas aos pombais as pombas voltam/ E eles aos corações não voltam mais". Discordo. Fico mais com a crítica brincalhona de Alexandre Ribeiro Machado (sob o pseudônimo de Juó Bananère). Os sonhos continuam sendo aves, *"son tutto pombigna"*, no *patois* da personagem. Talvez se tornem coisas menos poéticas, galinhas provavelmente, que querem o conforto do galinheiro e a comida garantida. Alguns humanos envelhecem com pesadelos de abutres. A internet fez todos sonharem que são majestosos como o albatroz. E as pombas? Continuam estúpidas e sujando tudo, como o herético Fernando Pessoa chegou a atacar a mais solene de todas: o Espírito Santo, que ele insulta salvando o grupo columbino: a Terceira Pessoa da Trindade seria a única pomba feia do mundo ("Menino Jesus").

Acho que seria um bom jogo de salão para animar festas. Que ave você seria na família ou no grupo do escritório? Mal emito a sugestão e já imagino a multidão de sorrisos irônicos, imaginando o chefe e a sogra. Poderíamos imitar um pássaro mítico: a fênix. O circo está pegando fogo (ou já pegou) e precisamos renascer e voar alto sobre as labaredas com as asas fortes da esperança.

O controle

Revolucionários antigos, do século XIX e início do XX, acreditavam na tomada do poder pela força, com uso explícito de violência. Teóricos como Marx e homens de ação como Lênin pensaram assim. Depois da Grande Guerra, houve mudança na concepção. Sim, o espírito de Lênin ainda podia inspirar movimentos armados como o chinês, porém, um sardo concebeu uma virada. Antonio Gramsci desenvolveu o conceito de hegemonia cultural.

O controle de um grupo sobre outro raramente ocorria apenas por coerção e violência. Era necessário um consenso de quem era dominado. Só existiria uma hegemonia se ela pudesse lançar mão de recursos culturais que legitimassem o poder. Sim, no marxismo clássico existe a noção de ideologia como aquilo que vela a dominação. Gramsci aprofunda o tema. Intelectuais comprometidos com um ideal revolucionário deveriam fazer, em parte, o que já era feito na sociedade tradicional. O controle da universidade, da imprensa, do debate com o público ocorreria com o objetivo de atingir hegemonia cultural e que esta levaria a uma transformação do capitalismo para o socialismo. Influenciados por ideias similares, Theodor W. Adorno e Max Horkheimer escreveram sobre "Indústria Cultural" e afirmaram: "A produção capitalista os mantém tão bem presos em corpo e alma que eles sucumbem sem resistência ao que lhes é oferecido. Assim como os dominados sempre levaram mais a sério do que os dominadores a moral que deles recebiam, hoje em dia as massas logradas sucumbem mais facilmente ao mito do sucesso do que os bem-sucedidos. Elas têm os desejos deles".

Para ser simples, reduzi coisas complexas a descrições gerais. Gramsci deu um papel ao intelectual "orgânico" maior do que Marx imaginara. Preso pelo fascismo italiano e escrevendo seus *Cadernos do cárcere*, ele pensou e desenvolveu uma estratégia de tomar o poder.

Nos últimos anos, desenvolveu-se uma quase acusação conservadora contra todos os intelectuais de esquerda: gramscianos. Toda pessoa que escrevesse contra o ponto de vista conservador, seria um adepto da estratégia de hegemonia cultural. Como acontece com a obra de Nietzsche e de Freud, há mais gente falando sobre o italiano do que lendo seus textos.

O mundo do século XXI é o das redes sociais. Controlar a opinião pública já era importante na Roma republicana. Hoje, é central em qualquer projeto político. Assim, o pensamento gramsciano foi e é seguido por muitos ativistas culturais de esquerda. O curioso e que já indiquei em crônicas anteriores é que despontam os "gramscianos de direita". São também "intelectuais orgânicos" no sentido de se sentirem incumbidos de uma missão, como seus adversários. A consciência da ação revolucionária implica, para gramscianos destros e sinistros, a ideia de que é mais importante controlar um diretório acadêmico ou um jornal do que armas no sentido literal. Todo "gabinete de ódio" é uma estratégia na luta pela opinião pública e pela militância de frases, destruição de reputações, deformação de ideias etc. Está fora de moda fazer greves como os caminhoneiros no Chile contra o presidente Allende ou os metalúrgicos de São Paulo contra a ditadura militar. Sim, querida leitora e estimado leitor: há greves e *lockouts* de direita. Porém, piquetes em porta de fábrica parecem antigos. Ainda que odiando o nome e o conteúdo, grande parte do sucesso da direita atual veio de uma estratégia gramsciana. Curiosamente, alguns retrocessos de táticas da esquerda no Brasil também nascem da diminuição da influência de... Gramsci.

Vamos ver um pouco de passado recente. A crítica ao regime militar fez surgir o livro *Brasil: nunca mais*, prefaciado por Dom Paulo Evaristo Arns, um chocante relato de torturas a partir de inquéritos militares. O livro tinha capa vermelha. Com o mesmo tipo gráfico só que, com capa verde e amarela, surgiu o texto *Brasil sempre*, de Marco Pollo Giordani. Era uma resposta conservadora reafirmando os riscos da esquerda e o caráter "libertador" do movimento de 1964. Logo após a ditadura civil-militar, de 1985 até 1988, a opinião pública estava mais para *Brasil: nunca mais* do que seu oposto. Do ponto de vista gramsciano, a defesa de 1964 estava limitada a círculos pequenos.

A luta era mundial. Terminada a Guerra Fria na Europa, pesquisadores franceses organizaram *O livro negro do comunismo* (1997). O objetivo era levantar o número de mortos dos movimentos ligados ao socialismo e ao comunismo. O livro fez sucesso entre conservadores, especialmente em países que tinham saído do controle soviético nos anos anteriores. Voltamos a Gramsci. A esquerda reagiu ao livro-denúncia com... outro livro negro: o do capitalismo. A obra analisava os interesses de nações capitalistas e da ação de interesses financeiros nas mortes e na fome do mundo. Curioso que os dois livros descrevem (em textos de qualidade não uniforme) fatos reais de massacres feitos por capitalistas e comunistas. Alguns capítulos são bem documentados e plausíveis. Porém, em vez de lamentar a morte e violência em si feita por interesses de partidos, Estados ou empresas, ambos fazem crer que o problema é a ideologia. Penso na violência extrema de Mao criando campos de concentração de fazer corar um nazista. Penso na violência extrema dos Estados Unidos ao jogar napalm sobre uma aldeia ou no massacre de My Lai, em 1968. Os soldados norte-americanos que mataram 182 mulheres (17 delas grávidas) e 173 crianças de forma cruel não são, para mim, assassinos capitalistas; são assassinos apenas. Muitos militantes de esquerda fizeram a denúncia justa e merecida contra o caráter hediondo dos episódios do Vietnã. Era um crime! Curiosamente, algumas centenas de quilômetros para o norte ocorria a Revolução Cultural Chinesa, com milhões de mortos, algo não denunciado pela maioria dos mesmos militantes. O que está em jogo para os gramscianos de esquerda e de direita não é a vida humana, porém o controle da opinião pública. Se o meu lado mata e tortura, é algo "justificável". Se o outro lado mata e tortura, é uma monstruosidade. Pior, quando os dois lados são notórios assassinos, tratam apenas de discutir quem matou mais. Esse é o argumento *par excellence* da imbecilidade. Morreram 10 milhões de chineses na Segunda Guerra. Isso não quer dizer que os capitalistas japoneses são benignos e os stalinistas de esquerda que mataram o dobro durante o regime bolchevique sejam os malvados de verdade. Ambos são assassinos. Entre 1904 e 1908, pelo menos 80 mil negros (etnias herero e nama) da atual Namíbia foram assassinados por alemães. Os criminosos do Segundo Reich seriam mais benignos do que os do Terceiro Reich? Imagine um negro do Congo Belga do século XIX, tendo suas mãos amputadas e ouvindo do seu carrasco belga, capitalista e católico: "Vou cortar suas mãos, mas fique feliz, os comunistas farão coisas piores no futuro". Seria um consolo fraco. Para cada vítima importa apenas o que seus assassinos e torturadores fazem naquele instante. O terror assírio na Antiguidade não é bom argumento para alguém sendo executado no *paredón* da ditadura de Fidel Castro. É preciso ter esperança e raramente ela está nos radicais.

Idiotas com iniciativa

Já vi a ideia atribuída a muitas pessoas: "Pior do que um idiota é o idiota com iniciativa". Há variantes. Substituem por "burro com ideias", falam de "anta empreendedora" e até uma categoria ainda mais danosa: o "imbecil com mandato". Será?

Tal como o louco manso, o idiota tranquilo é pouco assustador. Ele fica lá, sempre quieto. Não perturba ninguém. É de natureza dócil. No fundo, desfruta de uma apatia com consciência: sabe que é ruim e nada pretende. Talvez seja um dom da idiotia: a consciência da própria incapacidade. O idiota quieto existe em todos os empregos, famílias e partidos. Ele é quase alguém importante para a autoestima do grupo.

Há um outro e perigoso grupo. A banda carioca Matanza chegou a fazer uma música: "Tudo errado" (Marco Donida, DeckDisc, 2011). Na letra, descrevem o idiota com iniciativa: "Sabe que tá fazendo errado e vai fazendo mesmo assim; sabe que tá ficando torto e que vai ficar ruim; sabe que vai ficar por isso e todo compromisso pode deixar de lado. É mesmo um desafortunado quem acha muito engraçado fazer tudo errado".

Os idiotas perguntam? Li, na internet, que um restaurante do Colorado (EUA) passou a cobrar 38 centavos pelas "perguntas idiotas" (o lugar é o Tom's Diner). Dá para discutir itens da conta, porém, como julgaríamos se a pergunta foi idiota ou não? Quem seria o juiz? A multa seria um bônus se a pergunta pouco expressiva ou sem lógica partisse do funcionário da casa?

O mundo da iniciativa sem inteligência deve ter sido ampliado pela internet. Depois, de tanto ouvir que todos são capazes, alguns passaram a acreditar. Eu vivi a mudança. Quando jovem, os professores insistiam que éramos limitados e pouco aplicados. Alguém dizia algo que o mestre julgasse menos inspirado, e invocavam-se animais como capivara. A gente ia aprendendo a ficar mais quieto, incomodar pouco, fazer menos perguntas... A sala era mais opressiva e o erro era sempre nosso. Naquela época, tínhamos medo da nossa limitação.

Os anos avançaram. Os alunos ficaram traumatizáveis. Surgiram inteligências múltiplas para consolar. Você não entende Mínimo Múltiplo Comum? Não há problema: você deve ser uma inteligência sinestésica. Lê uma frase e não capta a ideia principal? Claro, você tem mais habilidade interpessoal. Desaparece o burro e emerge o mal classificado. Todos somos gênios e cabe aos pais e professores incentivarem que cada rebento ou pupilo ache seu nicho.

A ideia de que qualquer obstáculo natural seria puro pensamento derrotista inventado por um cérebro sabotador é de grande alcance. "Acredite em você" é mantra. É o que se espera de um líder hoje: que faça cada um descobrir o gênio reprimido e esquecido.

Pensamento incômodo. Uma amiga descreve o filho como tendo problemas de autoestima. Olho para o jovem e penso se ele não seria apenas realista. Claro, isso está fora de moda. Nossa tendência atual é destacar a extrema beleza de todo mundo, a genialidade das frases e a originalidade estética.

E como eles foram filmados e descritos? Lars von Trier inventou sobre um grupo de jovens que se fingem de idiotas

(*Idioterne*). Dostoiévski escreveu sobre um príncipe cristão e epilético que é visto como um bondoso ingênuo (*O Idiota*). Cervantes inventou o mais genial tolo da história: Dom Quixote. O problema do dinamarquês, do russo e do espanhol é que seus idiotas são sedutores e, no fundo, brilhantes. Falta a obra literária e cinematográfica sobre o idiota raiz... e com iniciativa.

Talvez seja nossa defesa permanente. Os governantes são todos idiotas. Chefes, por definição, são idiotas com cargo. Os motoristas à minha frente, claro, dirigem de forma burra. Nas festas de família, eles parecem maioria. Os gênios são, de fato, escassos. E se nossa fixação na categoria fosse puro espelho, ou defesa contra a consciência do nosso limite? O príncipe da obra de Dostoiévski esconde uma enorme capacidade sob um olhar pouco desafiador. E se nossa potência criativa fosse reduzida mesmo? Nosso medo seria o idiota com iniciativa ou o idiota universal que nos engloba?

Sim, o mundo é povoado de idiotas com iniciativa. Eles ocupam cargos e se destacam. São notícia. Todos ostentam redes sociais, algumas com muitos milhões de seguidores. Eles mandam e se reproduzem. E se, afinal, eu que sou fustigado por eles apenas fosse um idiota sem cargo e sem iniciativa? Um mundo de parvos famosos e eu, imbecil obscuro, fico macerando a vingança de todo ressentido. Afinal, os idiotas de cima fizeram a única coisa fatal que eu, o idiota de baixo, jamais perdoarei: destacaram-se da massa de pedrinhas ladrilhadas do imenso painel da platitude humana. Por que eles não se conformaram, como eu, com a linearidade de tudo? Por que não permanecem como eu, balindo com o rebanho imenso e uniforme, esperando o grande libertador que é o fim?

PARTE 6

A ficção do real

Sempre é complexo identificar a linha entre o que aconteceu e o que surgiu imaginado. Não haveria ficção sem a experiência do real. Rindo se fala muito de sujeitos ocultos, pensava Freud; inventando, talvez ainda mais, digo eu. Nenhuma trama aqui ocorreu de verdade e nada é falso. Resta a reflexão para todas e todos. Foi no verão de 2020 que surgiu a primeira crônica abertamente ficcional. Criei gosto. Comecei com a linguagem quase arcaica para descrever uma aristocracia decadente em torno de restos da sua glória. Continuei e cabe a cada leitora e a cada leitor o julgamento da imaginação.

As quatro vítimas do chá

A família Vasconcellos possuía brasão havia muitas gerações. Todos estavam acostumados ao leão azul em posição de ataque – "leão rampante", explicava tia Maria Pia, consciente da dignidade e do valor daquele clã. Se as raízes eram fundas, as folhas vinham perdendo viço desde os anos 1960. Chegaram a ter propriedade em Paris, na Île Saint-Louis, sobre uma famosa sorveteria. A mesma tia da heráldica vaidosa lembrava que era justo possuírem apartamento lá, pois tinham o sangue de são Luís IX nas veias. Sangue azul, pouca disposição empresarial, investimentos em declínio, muito estudo de arte e pouca intuição para bancos foram minando aquele solar avoengo. A decadência roeu as bordas, erodiu o centro, eliminou bens, empinou ainda mais os narizes e foi semeando chumbo sobre a pátina dourada.

Ao patriarca, à sua esposa e à indefectível e solteira tia Maria Pia restou uma isolada Constantinopla cercada de crise: um apartamento nos Jardins, em São Paulo. De tempos em tempos, algum bem móvel ia embora para cobrir o condomínio. O piano Steinway foi vendido em 2002. A tapeçaria (que era o encanto dos convivas) desapareceu da parede da sala em 2004. Joias? Os diamantes fluíram em fila como soldados transparentes a abandonar o cerco; os rubis foram acompanhados de lágrimas de sangue de d. Antônia Vasconcellos e, com o broche de esmeraldas que estava na família desde o período colonial, foi-se a última esperança de restaurar as glórias de outrora. "A decadência é um deserto sem oásis", dizia a velha tia. O senhor Frederico

Vasconcellos, último varão de tão nobre linhagem, repetiu algumas vezes a frase de Dante no "Inferno": "Não há tão grande dor qual da lembrança de um tempo feliz, quando em miséria".

Depois de algumas citações a esmo do florentino, emudeceu para sempre em 2009. O enterro foi pago em muitas vezes com o custo da baixela de prata. O estilo pomposo fúnebre disfarçou bem o declínio. Quem fosse à solene cripta familiar juraria que um próspero barão baixava ao solo deixando a família com as burras repletas de metal sonante. Nada mais falso que os ouropéis do velório.

Foi-se tudo. Restaram duas desoladas mulheres: Maria Pia, nonagenária e magra como uma refugiada, e a já citada viúva Antônia. A última faxineira bateu à porta ameaçando processos trabalhistas diante da inexistência de salário. O galeão dos Vasconcellos, já sem barras de ouro, atravessava o oceano com deserção dos marinheiros e dos imediatos.

Do momento de fastígio nada sobrevivera. Exagero. Restava algo além do velho apartamento sem manutenção e com o condomínio atrasado. Era o último bastião de uma memória gloriosa de festas e idas para a Europa: duas xícaras Limoges. Eram de uma alvura irrepreensível, finas como casca de ovo e com filigrana dourada nas bordas. Um par apenas: uma dupla sobrevivente de um imenso jogo de outrora. Tinham sido presente de casamento que a baronesa de Sorocaba, sua bisavó, recebera. Um dia, aquelas peças foram pastilhas de um mosaico de riquezas. Em era avessa a leões rampantes, eram heroínas de uma resistência inútil, o último elo de porcelana que ligava aquelas duas senhoras à vida sonhada. Ao pegarem folhas de cidreira no jardim do prédio e fazerem o chá todas as tardes, a dupla sorvia o líquido comum nas peças extraordinárias e, então, ambas ouviam ecos sinestésicos de um mundo opulento e feliz. Pareciam a personagem de Proust e sua infusão de tílias com madeleines e a memória de infância áurea. A hora do chá era a hora da vida recordada ou inventada, de fluxo de memórias aprimoradas sempre, de um mundo sem arestas em contraposição ao presente mesquinho. Naquele momento, a chávena dilatava tudo e o apartamento de cinco quartos de Paris virava um solar extraordinário com lacaios de farda vermelha. As duas mentiam e amavam a ficção do chá. Ao terminarem o instante feliz, Maria Pia e Antônia tinham o impulso de tocar a sineta e chamar a copeira. Lembravam que não havia mais a sineta de prata ou copeira. Ao levar as xícaras com cuidado à pia, a tia segurava como se transportasse o Santo Graal, o cálice sagrado que animava a vida em Camelot. E era.

A crise era eterna, a coesão da porcelana, não. Sem o tapete Aubusson, o piso ficara um pouco escorregadio. Sem plano de saúde, as mãos trêmulas da tia sofriam com artrite. O impensável ocorreu. O desastre: uma tremida e a porcelana familiar se foi ao chão. Não restou uma alça intacta. A massa de cacos espalhou-se no chão com uníssono grito cortante das senhoras. Foi-se. Nada mais as unia ao passado. Desaparecera o porvir. Pedaços brancos e dourados atingiram uma área enorme. Era o fim, o verdadeiro crepúsculo dos deuses.

Não existia motivo para continuar, ambas sabiam. Sem aquelas xícaras, o mundo era uma interminável sequência de dor; nenhum opiáceo disponível. O fio se rompera. As duas xícaras tinham falecido com a esperança das mulheres desoladas. Camelot perdeu seu propósito. A barbárie triunfara.

Após o grito agudo, o silêncio sepulcral se instalou. As duas não choraram, apenas contemplavam os estilhaços como as testemunhas de uma batalha inglória e, agora, definitivamente perdida. Ambas, em silêncio, deram-se as mãos. Sabiam o que deveria ser feito. Não havia dúvida; desnecessário algum discurso. De mãos dadas marcharam solenes, aristocráticas, com dignidade imensa e farfalhar de saias. Com a altivez de Maria Antonieta naquele fatídico 16 de outubro de 1793, encararam o fim sem um terror de epílogo. Era imperioso fazê-lo. Sem perspectiva ou dinheiro e, acima de tudo, sem as amadas xícaras, continuar para quê? O fim foi rápido e tão fácil que pode ser que a mais velha tivesse pensado: "Por que não fizemos isso antes?". De mãos dadas subiram na puída banquetinha da sacada e, em sincronia harmônica, atiraram-se do vigésimo andar. Se fosse possível ter fotografado o momento lancinante, o observador teria visto dois curiosos sorrisos nos rostos das Ismálias felizes como no poema de Alphonsus, ruflando asas de par em par. Enfim, a épica história dos Vasconcellos chegava ao seu desfecho. Aquele dia seria sempre lembrado como o epílogo da família e das duas xícaras Limoges. Quatro entidades desaparecem no funesto pôr do sol. Para quem tem alguma xícara ainda, cuidado, e muita esperança...

O cunhado

Se fosse coisa boa, não começaria com essa sílaba! A frase havia iniciado como uma leve piada e virou quase um lema familiar. O alvo? Paulo Henrique, o cunhado que os irmãos da família Toledo odiavam em uníssono. Temos de retroceder para entender a briga.

No começo, a família era igual a todas as outras felizes, como previra Tolstói. Eles receberam o namorado da doce Ana com educação e certa afetividade. Os primeiros meses de namoro ainda estavam encharcados de salamaleques: com licença, aceita mais um pedaço? Fique mais um pouco... A etiqueta é uma máscara confortável. Ana estava apaixonada. O gesso dos bons modos não resistiria a chuvas mais fortes.

O primeiro incômodo veio nas férias de verão. A casa da praia era boa, confortável, sem luxos, porém com dignidade. Os céus conspiraram. Choveu como se Deus tivesse se arrependido da promessa de nunca utilizar novamente o dilúvio como método corretivo. Ficaram trancados na casa-arca com animais (não um casal de cada, como no episódio de Noé, apenas três cachorros). Foram duas semanas sob uma monção impiedosa. Restava comer, jogar cartas, ver televisão e... conversar. Foi quando a primeira sílaba premonitória da palavra cunhado emergiu.

Os Toledo amavam-se e eram cordatos. Desavenças eram raras. Paulo Henrique, a seu turno, tinha o tom inquisitivo e voz veemente. Defendia suas posições com paixão. Levantava-se, por vezes, para enfatizar seu argumento com o punho no ar. O problema não era a opinião, todavia a maneira de esposá-la. Avessos a brigas por temperamento, os fleumáticos familiares retrocediam e tentavam evitar a continuidade da conversa mais acre. Debalde! O silêncio era interpretado pelo namorado de Ana como vitória; os argumentos cresciam exponencialmente. Houve estranheza e cochichos... A mãe olhava para o pai e os irmãos se buscavam sob o aguaceiro persistente. Todos suspiravam por algum monte Ararate.

Naquela praia, estava desenhada a rota de colisão. Tudo foi piorando. A relação do cunhado com os horários, a divisão de despesas e de tarefas, as ideias políticas e religiosas (e a maneira de defendê-las... ah! Aquele punho no ar) foram encalhando a nau dos Toledo nos recifes do cunhado. Não era possível a harmonia com a presença dele.

O desafeto contagiou os que não tinham sangue Toledo. As namoradas dos irmãos, as tias, as visitas: todas assumiram o mesmo tom de condenação. O tema preferido, na ausência da irmã e da besta-fera, era, exatamente, a personagem odiosa. A união aumentou. Não eram mais os filhos do dr. Luís Toledo, porém o grupo que odiava Paulo Henrique.

Modificou-se a geografia da mesa. Se as regras da civilidade recomendavam flores baixas no centro para facilitar a conversação fluida dos convivas, os natais familiares passaram a apresentar uma alta e cerrada flora. Sumiram as pequenas rosas e brotaram alongados gladíolos, helicônias robustas e tuias de talo grosso. Em um santo Natal, a cenografia defensiva pesou mais e pequenas bananeiras tropicais estavam no centro da ceia. De um lado, acomodavam-se os que não toleravam mais sequer conversar com o indivíduo. Do outro, a esposa, ele e os tipos mais diplomáticos. As flores separavam gregos e troianos, "nós" e "ele". Tinha certo requinte aquela mata ciliar correndo ao meio e sendo o divisor de águas entre dois sistemas hidrográficos adversos, como se os rios Negro e Solimões estivessem ali.

Um paralelepípedo teria percebido o enfrentamento. Paulo Henrique notou e, sem fazer concessões, continuou a praticar todas as micro e macroações que o tinham conduzido à cela solitária no coração daquela estirpe.

Houve jantares sem convite público. Omitia-se o cunhado. Predominou a Guerra Fria, com crises de mísseis, espionagem e propaganda; jamais a guerra aberta. Toda vez que ele se retirava do almoço de domingo, o tema único era o comportamento do ausente. Surgiu um grupo alternativo de WhatsApp sem ele. Fizeram *memes* do marido da Ana.

O fato a seguir foi muito desejado por todos, jamais enunciado fora do cérebro de cada um. Ana acabou se separando do detestado. Era, disse ao advogado, "incompatibilidade de gênios". Colaborara a resistência familiar? Nunca saberemos. O divórcio foi, enfim, assinado. Ana foi abraçada entre a solidariedade compassiva e a vontade de abrir um champanha caro.

Nelson Rodrigues tinha lampejos de gênio ao analisar a vida familiar brasileira. Sem o cunhado, os atritos que tinham sido afogados na raiva uníssona puderam emergir. Não havia mais um herege que ressaltasse a fé unida dos ortodoxos. Os temas não giravam mais em torno dele. As dissensões saíram do solo onde se esconderam por anos, como um gêiser reprimido e sulfúreo.

Cada família é infeliz de um jeito distinto, voltando ao autor de *Anna Karenina*. As brigas ficaram mais altas à medida que as plantas do meio da mesa ficavam mais planas.

Desapareceu o gladíolo, brotou a violeta e o enfrentamento cresceu. Olhando-se de forma estranha, os irmãos perceberam o inominável: sem Paulo Henrique a família ficara inviável. Foram debatidas diversas soluções e houve um acordo que satisfez ao grupo. O irmão mais velho falaria com o ex-cunhado e levaria o estranho convite: ao menos uma vez por mês, Paulo Henrique estaria no almoço dominical da ex-esposa. Sem plantas ao meio e sem meias-palavras. Ele aceitou. Todos os membros daquela casa, ao se despedirem do terrível cunhado, abraçavam-se de forma sincera. A família estava salva. O inimigo voltara ao seio do nosso ódio comum. Que todos tenham muita esperança nas suas famílias, e algum ponto de união.

Sorte é tudo!

Sofia ganhou da avó um cavalo-marinho de cristal. Peça antiga, austríaca talvez, de beleza delicada. O presente veio com uma frase forte: "Enquanto você estiver com ele, tudo dará certo". Não sabemos se foi o impacto daquele momento, talvez o caráter crédulo de uma criança de 7 anos ou o afeto pela velha senhora que se transferia para a peça: Sofia nunca mais se separou do mimo. Guardado em estojo de madeira forrado com veludo, o bichinho era retirado em todas as ocasiões de prova. Os professores já sabiam que a pequena só responderia a quaisquer perguntas nas avaliações escolares se tivesse, firme ao seu lado, o cavalo-marinho amado. A profecia da anciã deu certo: Sofia era aluna brilhante e suas notas sempre foram as melhores.

Já adolescente, estava passeando com a família quando receberam a notícia da proximidade da morte de d. Filomena, a doce avó. Foram direto ao hospital e lá encontraram a senhora a minutos do fim. Houve tempo curto para comovida despedida. No velório, inconsolável, Sofia dizia para todos: "Eu não estava com o cavalo-marinho. Se eu tivesse levado, ela não teria morrido". A avó falecera e a certeza da menina cresceu. Nada de ruim teria acontecido se a pequena figura estivesse com ela.

A peça acompanhou a adolescente à Disney e sobreviveu a todas as montanhas-russas. O objeto disciplinou Sofia: ela o guardava no estojo sempre, nunca o perdia e tomava todos os cuidados para manter a integridade física do seu vetor de bons fluidos. O avião trepidava? Ela segurava o pequeno cristal e a turbulência cessava. O restaurante da beira da estrada era duvidoso quanto ao item higiene? A comensal fazia refeição despreocupada, nunca haveria intoxicação se o cristalino cavalo-marinho estivesse por perto. A fama da fé de Sofia cresceu e os fatos eram tão eloquentes que mais de uma amiga solicitou a posse do estojo com a figura que os antigos chamariam de apotropaica, aquele objeto que protege dos malefícios. Podiam pedir; imploravam, até. Duas chegaram a romper a amizade com a dona da peça. Ela preferia o isolamento a ter de emprestar seu precioso talismã.

Após os estudos brilhantes e uma carreira jurídica assegurada, Sofia prestou concurso para a magistratura. Pobres dos outros candidatos: tinham se esforçado como a jovem Sofia fizera, todavia não estavam amparados pela aura luminosa da sorte do cavalo-marinho. Juíza federal aos 26 anos e próxima de se casar: que outro caminho poderia surgir a não ser o da felicidade?

A data marcada foi no fim de maio, mês belo e pouco criativo para núpcias. A originalidade estava nas instruções para o vestido da noiva. Costurado dentro de um bolso interno, protegido por camadas de seda francesa para atenuar impactos, estaria a peça de cristal acompanhando a noiva quando entrasse, solene, na nave da igreja. O amuleto a acompanharia no enlace com Leonardo, jovem e promissor colega de toga.

Talvez fosse o zelo da noiva, excessivo e pouco racional. Ela atazanou a pobre costureira com tantos cuidados que soaram arrogantes e impertinentes à trabalhadora. "Cuidado, pegue com jeito, forre com muitos tecidos, é muito importante!" e outras repetidas expressões que deixaram a pobre moça com vontade de enfiar a agulha na jovem juíza. Apesar do semblante submisso, a menina do ateliê decidiu se vingar. Sozinha, dando arremates finais na roupa, colocou uma caveira de feições diabólicas no pequeno espaço reservado ao talismã. Era medonha! Envolvida em muito tecido e com peso similar, ninguém poderia dizer que o alvo vestido trazia figura tão terrível no seu interior, como se fosse um cavalo de Troia recheado com inimigo mortal.

Sofia ficou linda e inocente no vestido. A jovem costureira sorria dizendo que ela seria muito feliz. Naquela tarde, terminando sua vingança épica, a menina arremessou o cavalo-marinho no rio Tietê. "Que dê sorte ao rio", falou do alto de um ônibus que atravessava uma ponte estaiada sobre o fétido curso d'água. O cavalo de cristal afundou com um som súbito. Quase ao mesmo tempo da *vendetta*, a noiva entrou confiante ao som estrondoso da marcha nupcial carregando, sem saber, o símbolo da morte e de feitiçaria vingativa perversa.

A cerimônia comoveu as pedras. O padre fora de uma rara felicidade na exortação aos noivos a partir do hino ao amor de Paulo na epístola aos Coríntios. Os jovens juízes dançaram até o amanhecer: ele, ela e a caveira assustadora junto ao corpo da noiva rodopiante. A festa foi linda e a lua de mel na Provença marcou o auge da felicidade.

Ao retornar, Sofia havia decidido deixar o que ela supunha ainda ser seu precioso bem no vestido. Ele havia emanado tanta felicidade que ela temia uma dessacralização se o retirasse do nicho. O amuleto repousou na veste nupcial por décadas.

Hoje, dra. Sofia é desembargadora respeitada e autora de livros de Direito com fama internacional. Ao fim de uma existência perfeita e coroada de êxitos, os netos enterraram a desembargadora atendendo ao pedido expresso no testamento. Ela deveria baixar à última morada com o estojo onde, envolto em muitas camadas de seda delicadíssima, repousaria o cavalo-marinho. Os herdeiros retiraram o bolso do vestido e colocaram ao lado da avó, sem desfazer ou desconfiar das muitas camadas protetoras. Sob um cabelo ainda belo, envolvida em panos, uma caveira sorria aguardando para dialogar com uma futura colega no caixão. Sorte é tudo! Esperança e muita proteção para todos e todas!

A disputa

Drusila Camargo e Maria Antônia Palhares são duas excelentes filósofas. Cursaram a graduação quase ao mesmo tempo na USP. Ambas realizaram dissertação e tese na mesma instituição e terminaram por morar na França para estudos de pós-doutorado. Drusila tornou-se referência na obra do matemático e lógico brasileiro Newton Carneiro Affonso da Costa. Maria Antônia abraçou o empirismo inglês e virou a mais abalizada tradutora do escocês David Hume na língua portuguesa.

Quase a mesma idade, mesma *alma mater*, proximidade acadêmica: tudo levaria a supor que o rio da amizade fluiria solto entre as duas ilhas de sólido conhecimento. Nada mais falso. Por vários motivos, desde a graduação, ambas desenvolveram poderosa ojeriza. Odiavam-se, seria mais correto afirmar. Os orientandos sabiam que não poderiam fazer curso com a rival. Os dois grupos formaram partidos distintos, mutuamente excludentes e que desconfiavam dos neutros. Os próximos a Maria Antônia batizavam os seguidores da outra como "drusílios". Os que eram orientados por Drusila passaram a usar a personagem "Tonha da Lua" (da novela *Mulheres de areia*) para descrever Maria Antônia. Despontava nos corredores da FFLCH da USP uma verdadeira escola teatral: os grupos imitavam a rival, ora com frases formadas de absurdos lógicos ou com a voz de Marcos Frota, ator da novela, simulando alguém com problemas cognitivos. Os orientandos formaram um exército de *haters*. Não havia chance de conciliação. Drusila era Cartago e Maria Antônia encarnava

Roma: só haveria espaço para um império do Mediterrâneo Ocidental na Cidade Universitária. *Delenda*!

Curioso: ambas eram produtivas como autoras e pesquisadoras e, igualmente, apreciadas como professoras. As duas escreviam para os maiores jornais de São Paulo em louvados artigos de divulgação científica. O único inconveniente era quando alguém tocava no nome da outra. Despontava a deusa Nêmesis. Parecia que a inteligência e a filosofia eram afogadas em uma lama sulfurosa. Os olhos se transformavam, as mãos se crispavam e a voz de ambas perdia o equilíbrio emocional.

O tempo passou e surgiu a aposentadoria. Duas brilhantes carreiras coroadas de conquistas e agraciadas com o título final de professoras eméritas da USP. Cerimônias lindas e, como manda o bom senso, realizadas em datas e prédios bem distantes.

O destino é sempre bizarro. Depois de reuniões no antigo prédio da reitoria, aconteceu de uma pegar o elevador no quarto andar e a outra, no terceiro. Hora do lusco-fusco, pressa: nenhuma percebeu até ser tarde demais. Constrangimento profundo, quase físico. Mas... eu falava de destino bizarro. Não há acidente que não possa ser piorado. Segundos após a constatação constrangedora, a energia entrou em colapso no edifício. Agora, no escuro, as rivais estavam condenadas a desfrutar da companhia uma da outra. Drusila soltou a primeira frase com verbo: "Ocorrer uma desgraça assim em uma sexta-feira!". A outra vociferou: "Eu não sou uma desgraça! Você que é vergonha da Filosofia brasileira". As primeiras frases foram seguidas de vinte minutos de acusações, ou melhor, insultos. Ambas temiam pelo momento em que uma delas partisse para o ataque físico. Cada uma se encostou em um canto do breu. Maria Antônia segurava livros junto ao rosto para evitar um soco furtivo. Drusila retirou os óculos com a mesma preocupação. No meio da torrente de ódio, uma delas fez a pergunta que não queria calar: "Por que você me odeia tanto?". Instalou-se súbito silêncio. Odiavam-se havia décadas, riam-se uma da outra, ironizaram tudo, porém, confrontadas com a questão original, não tinham clareza do *primo mobile*, o primeiro motor que colocara todo o sistema da raiva em movimento. Por que se odiaram? O silêncio foi ainda mais constrangedor. Duas mulheres brilhantes, de imenso sucesso e com vida amorosa satisfatória. Não poderia ser inveja ou cobiça, ambas tinham em grau próximo o que era notável na outra. As mães do ódio não sabiam quem era o pai. Partenogênese?

A pane elétrica seguia criando circunstâncias. Maria Antônia refletiu muito e proferiu a frase, honesta enfim: "Você é uma mulher brilhante. Eu sempre invejei seu... cabelo. Como você pode chegar a essa idade com esse cabelo?". Drusila foi alvejada pela sinceridade e disse que o seio da rival era impecável. Ali estava o não dito, o recalcado de tantos anos. Surgira um pai envergonhado. Sim, o cabelo de Drusila era de um brilho intenso. O seio da outra teria feito Hume entrar em combustão espontânea. Depois das frases, silêncio absoluto.

Quando, enfim, a energia voltou, ambas saíram em silêncio. Combateram estereótipos do feminino toda a vida. Na rua, preocupados, os maridos estavam nos carros aguardando. Ao chegar junto ao titular de medicina da USP, a esposa ouviu o dr. Palhares reclamar da reunião de departamento. "Aquele canalha do Paul Gustavo, o careca da nefrologia, fez outra piadinha em sala sobre mim." Maria Antônia sorriu ao imaginar qual a parte do corpo do rival que incomodava ao marido. A inveja cansa, é preciso ter esperança.

Aquilo que me nutre

D. Yeda chegara aos 83 anos viúva. A situação financeira era confortável. O marido a deixara bem. Os filhos a visitavam regularmente e, apesar da empregada durante o dia, ela insistia em morar sozinha. "Já cuidei de muita gente, agora eu quero paz", repetia a senhora diante da insistência familiar por uma acompanhante noturna. Sua companheira de velhice era uma cadelinha maltês que a seguia como uma sombra. Dolly tinha chegado semanas antes do falecimento do dr. Samuel. A empatia entre as duas tinha sido imediata.

Mulher de hábitos pétreos, a senhora acostumara-se a fazer sempre do jeito dela. "Personalidade decidida", dizia sua simpática funcionária da casa. "Teimosa como uma mula", garantia o filho do meio. Exemplo? Havia muitos remédios diários para os males da idade. Eram sete pela manhã e quatro antes de dormir. Ela colocara todos em uma caixa de papelão na cozinha e, duas vezes ao dia, ficava retirando cada medicamento da sua embalagem para tomar. A primogênita comprou um separador. D. Yeda elogiou como era prática a invenção: bastava abrir a tampinha e colocar todos na mão! Não era necessário pegar os óculos e examinar cada caixa. "Que bom, minha filha", ela disse beijando a testa de Ana. Sim, era bom e era diferente; e a mudança de rotina era o grão de areia que a ostra de Yeda jamais transformaria em pérola. Quando a jovem virava as costas, ela retomava o hábito de separar uma a uma cada drágea, relendo as receitas de uma imensa junta médica, que ia do cardiologista, passava pelo reumatologista, até chegar ao geriatra. O processo era demorado e demandava uma ordem de memória e organização que já tinham desaparecido sob os belos cabelos brancos daquela senhora.

Remédios e idade são coisas triviais. Havia algo original. Nem sempre firme com as mãos, olhos se adaptando às lentes multifocais que o oftalmologista prescrevera, a matriarca deixava rolar pelo balcão da cozinha algum comprimido, quando não derrubava toda a embalagem ao chão. Mal caía algo colorido ou branco do céu, a cadela, na terra, devorava com rapidez e gula. Sim, aos pés de d. Yeda, Dolly ficava atenta, aguardando. Era o desespero dos filhos e a alegria do animal.

O veterinário tinha profetizado o fim precoce de Dolly ao constatar o fato por exames. Os filhos compravam novos e belíssimos estojos separadores de remédio. Ignorando-os, as duas, Yeda e Dolly, firmes e constantes, locupletavam-se de delícias químicas. Ainda que a veneranda senhora reclamasse da voracidade da pequena fêmea com a farmacopeia, era, reconheça-se, uma espécie de comunhão. Elas dormiam juntas, comiam juntas, assistiam horas intermináveis de TV lado a lado e, claro, tomavam juntas seus remédios. Conheciam-se pelo olhar. Amavam-se. Na saúde e nos remédios, na alegria e no antidepressivo: ambas sabiam que o casamento era pleno. Havia desconfiança de que, no fundo, d. Yeda fosse como o rei Sardanápalo da lenda pintada por Delacroix: queria partir levando tudo o que amava em vida. Se o mundo prescrevia um amplo leque químico de produtos contra os desgastes do tempo, ambas seriam salvas ou envenenadas lado a lado. "Quanto tempo terei ainda de vida?", perguntava a senhora para a cadela. O olhar do bichinho parecia dizer: "Pouco... como eu". A brevidade da existência consolava ambas.

Dolly continuava firme e bem abastecida com aspirina cardíaca e remédio contra o lúpus. O comprimido mais apreciado era a ampla e gelatinosa cápsula de ômega 3, a panaceia que garantia vida eterna e com saúde. Ela mastigava o metotrexato da artrite reumatoide da dona com um pouco mais de resignação. Talvez já estivesse desenvolvendo um senso gourmet para os fármacos. Porém, se fosse possível oferecer um menu ao animalzinho sobre suas preferências de mezinhas, ela latiria feliz com os xaropes para tosse. Eram a *crème de la crème* das beberagens. Bastava a mão trêmula de Yeda pegar na colher e a cadelinha lambia os lábios feliz. Algo pingava sempre e, em mostras da eficácia do remédio contra reumatismo, ela saltava no ar para alcançar a chuva.

Aos 90 anos bem vividos e felizes, d. Yeda cerrou seus olhos diante da família chorosa. Dolly foi levada ao velório e ficou ao lado do caixão, talvez esperando que, uma última vez, algo caísse para ela poder saciar sua fome interminável de progressos farmacêuticos. Debalde!

Levada para a casa da filha Ana, sem remédios, o animal definhou rapidamente. O veterinário não conseguia identificar o mal. Tristeza? Talvez. Vinte e sete dias após o caixão da dona ter sido baixado ao solo, os filhos da matriarca entregavam o corpo de Dolly ao cemitério de animais. A falta de remédios e a melancolia combinaram-se de forma fatal. A mais velha se lembrou de uma frase latina que vira tatuada em uma foto de Angelina Jolie: *quod me nutrit, me destruit*. Sim: o que me nutre me destrói, o que desejo me desgasta, o que mais quero me mata. Resta a esperança.

O novo normal

Ana Paula leu a frase em Euclides da Cunha: "A vida normalizara-se naquela anormalidade". Ela baixou o *tablet* onde estava lendo *Os sertões* e ficou pensativa. Não era a tragédia de Canudos que a intrigava, nem a destreza narrativa do autor fluminense. Ao retirar os olhos da leitura, ela viu o marido no sofá, de pijama e coberto por alguns pacotes semiconsumidos de salgadinhos.

O termo pijama era um exagero retórico. Era uma camiseta esgarçada e lavada centenas de vezes. O calção fora, originalmente, parte de um conjunto de dormir. Agora, era uma peça perfurada e de cor duvidosa, com algumas manchas indeléveis. O conjunto era deplorável, quadro agravado pelo abdômen protruso daquele que Ana Paula, um dia, tinha chamado "meu gato de abdômen definido".

Ela pensou sobre o novo normal do companheiro. Tinha começado na quarentena do coronavírus. Trabalhador incansável e com uma cultura familiar *workaholic*, Rodolfo ficou muito perdido no início do isolamento. Andava, inquieto, de um lado para outro da sala. A pandemia quebrara o hábito de anos de se levantar cedo e ir para o escritório antes de todos os outros advogados. Começou a analisar os processos nos mesmos horários, arrumado e até com gravata. Fez um *home office* exemplar. Postou fotos fazendo atividades físicas, estudando italiano, cozinhando e limpando a casa. Suas redes sociais receberam milhares de *likes*! Era um marido exemplar e cidadão zeloso. As duas primeiras semanas do "novo normal" incrementaram o conhecimento, o companheirismo e até a vida lúdica-erótica do jovem casal.

Com o tempo passando, o efeito "dia da marmota" foi-se acentuando. Dos pães sovados com farinha orgânica de abril de 2020, pouco restou. Despontou a comida pedida da rua, prática, gostosa e opulenta em calorias. Para que colocar blazer se o escritório fazia reuniões apenas por áudio? Ele começou a trocar, de forma sutil, o dia pela noite. Sem a luz, tudo era mais silencioso. Rodolfo perdeu interesse em abastecer as redes sociais. Metade do tempo acordado, ficava vendo séries a esmo na TV a cabo. A outra metade era consumida com processos. Nos dois momentos, pacotes ultraprocessados de algo com sabor bacon eram digeridos com litros de refrigerante efervescente. "Pelo menos, eu não bebo...", defendia-se quando a mulher insistia em algo mais saudável. O marido elegante dava lugar a outro ser. Em junho, a proporção foi restabelecida. Não era mais apenas a barriga volumosa: braços, coxas e papada harmonizaram-se aptas ao pincel de Fernando Botero.

Ela evitava excesso de críticas. *Era um momento atípico*, dizia para si. O mundo se debatia em trágica agonia e ela ainda infernizaria a vida daquele homem em casa? Ana Paula assistiu, resignada, ao marido capitular diante de qualquer demanda estética. *Pelo menos, ele não bebe*, ela ecoava o mantra para encontrar algum consolo no quadro trágico que se repetia diariamente.

O dia chegou! O escritório reabriu! Rodolfo saiu de casa cedo. O terno ficara apertadíssimo. O último botão da camisa não podia ser abotoado. Todavia, Ana Paula deu um beijo sincero naquele homem que, enfim, voltaria ao mundo do olhar alheio. A alegria da esposa durou até o crepúsculo.

Rodolfo voltou com sorriso radioso. Os sócios tinham concordado! As análises de processos e os pareceres jurídicos despachados de casa eram extraordinários. Ele tinha demonstrado uma capacidade de análise que fez muita diferença para as demandas da firma. Não foi difícil negociar: o rotundo advogado poderia continuar em casa. Ana Paula segurou um grito de horror.

Ela havia suportado as intermináveis semanas da quarentena porque eram um Purgatório, jamais um Inferno. As almas imperfeitas que sofrem no primeiro lugar sabem que é passageiro. Tudo incomoda, porém haverá um *upgrade* para o Paraíso. O domínio do demônio é terrível porque é eterno e, entrando nele, deixa-se "toda a esperança", como a culta esposa tinha lido em Dante Alighieri. Ela fora puxada para um gorduroso, monótono, desagradável e repetitivo tártaro profundo. Houve choro e ranger de dentes. Era como ser reescravizada no entardecer do domingo da Lei Áurea.

Rodolfo pouco percebera a náusea horrorizada de Ana Paula. Comemorou pedindo três pizzas. O mesmo entregador de sempre trouxe os discos solicitados. Era de poucas letras, mas de sorriso largo. Quase bonito, cheirava a limpeza. Rodolfo, grosseiro, havia classificado o rapaz como um jumento muitas vezes. Ana Paula teve um breve diálogo com o rapaz na portaria. Pediu ao porteiro que entregasse o jantar calórico no apartamento. Ao receber a encomenda e estranhando a falta de sua mulher, o advogado foi até a sacada e a viu na garupa da moto do entregador. Agarrada e feliz ao torso do jovem, Ana Paula sorria e pensava: *este sairá todos os dias para trabalhar, mesmo na epidemia.* Ela chegara à mesma conclusão de Inês Pereira na obra de Gil Vicente. É preciso ter esperança com cada novo normal da vida.

Conhecereis a verdade

Henry saiu do culto em silêncio. Já ouvira a passagem do capítulo 8 do Evangelho de João muitas vezes. Com o tom solene da Bíblia, ele repetia que o conhecimento da verdade poderia libertar: *and ye shall know the truth, and the truth shall make you free* [conhecereis a verdade e a verdade vos libertará]. Eram três núcleos na frase: conhecimento, verdade e libertação. A primavera reverberava naquele sábado em Massachusetts. A cidade de Woburn estava repleta de flores e o caminho para as terras de Henry parecia uma sinfonia de plantas e pássaros. Ele seguia cabisbaixo, não triste, de fato, porém flutuando entre a voz de Jesus e a realidade do povoado. As pessoas de Woburn não eram livres. Viviam presas a convenções, cenas públicas, declarações formais e gentilezas ensaiadas. A palavra do Evangelho não poderia falhar. Conclusão inescapável? O solo se manifestava adverso à semente.

A sopa do jantar foi tomada em silêncio. Henry deu graças, pegou um pedaço de pão e serviu à esposa, que tinha o piedoso nome de Faith. Conversaram trivialidades sobre a plantação e os animais. Os filhos não tinham permissão para conversar à mesa, como em todas as casas da Nova Inglaterra naquele 1742, ano da encarnação de Nosso Senhor. Faith recolheu os pratos, e, como sempre, por volta das sete horas da noite, estavam todos na cama. O coração inquieto do marido continuou pulsando em torno do tema. O homem, irremediavelmente pecador, era insuficiente para atingir a verdade. A graça estava perdida no lodo da humanidade. Henry aprendera a confiar no poder redentor de Cristo. Mais de uma vez, andando ao longo do Mystic River que o levava a Boston em ocasiões especiais, ajoelhava-se na relva e agradecia o sangue que o tinha redimido de forma imerecida. A terra era boa, a esposa, honesta e dedicada, os filhos tinham sobrevivido sem doenças graves. Teriam sido sinceros sempre? Estariam livres?

Henry acordou antes de todos. Ao tratar os animais ainda no escuro da madrugada, percebeu que seu pequeno rebanho era totalmente honesto. Comiam e urinavam, mugiam e acasalavam sem nenhum obstáculo de etiqueta ou de pudor. Eram criaturas de Deus, salvos como a família de Noé. Ali, no campo onde corriam seus dois cavalos e três vacas, Henry ajoelhou-se ao amanhecer e implorou ao Senhor que tornasse a ele e a todos de Woburn devotos da verdade absoluta como queria Jesus. "Seremos livres e salvos!", ele gritou para o tom malva do sol raiante. O relinchar da égua da família e o grasnar de um grupo de gansos selvagens pareceram ser a confirmação natural de que sua prece fora ouvida.

O desjejum foi trivial. Faith cozinhou mingau de aveia e cortou fatias grossas do pão caseiro. A filha mais velha agradeceu e, com o olhar dócil de sempre, comentou sem agressividade: "Mamãe: seu pão não tem gosto e é duro!". Houve um silêncio aterrador. O casal nunca tinha ouvido uma rebeldia ingrata. A menina também estava assustada. Surpreendera-se com a frase que tinha emitido. Foi tão fora do padrão que não houve repreenda ou castigo, apenas silêncio. A verdade antiga sobre o péssimo pão da esposa tinha sido enunciada. Ela lançou um olhar de súplica ao marido que, também, embasbacado, confirmou a opinião da primogênita. O mundo estava fora do eixo! No constrangedor intervalo de tempo seguinte, Henry se lembrou da oração feita: que todos fossem verdadeiros.

Ainda imerso na surpresa da conversa matinal, ele foi levar alguns produtos primaveris da horta para a casa do pastor Matthew. Era um hábito. No caminho, encontrou a vizinha que plantava no jardim. Saudaram-se formalmente, apesar de serem conhecidos desde a infância. Ela, após o tradicional e distante "bom dia", perguntou através da cerca florida: "Por que você não casou comigo e escolheu a Faith?". Henry já tinha percebido que aquele dia seria diferente. E, não conseguindo controlar a boca, disse o que jamais tinha conseguido enunciar: "O seio dela era bem maior do que o seu e isso me excitava muito". Os dois vizinhos se olhavam como se tivessem sido possuídos por algum espírito maligno. Vermelhos como as frutas que Henry carregava, afastaram-se. Seria a prece?

Sim, era ela, a oração. A visita ao pastor foi tomada de confissões sobre como Henry achava os filhos do reverendo insuportáveis. O piedoso Matthew concordou e disse que pelo menos eram alegres, já a esposa era de um azedume indescritível. "Meu casamento foi um equívoco", completou o líder. A cada frase, os dois ficavam impressionados como se tivessem sido transformados em marionetes e dominados por algum ventríloquo malicioso. Porém, cada frase era verdadeira. Henry arrependeu-se da súplica. Estava livre, a verdade imperava e o mundo tinha ficado inviável.

No caminho para casa, ajoelhou-se novamente e pediu para não ser mais livre. Pediu para não conhecer a verdade ou, pelo menos, não a declarar. Orou e o crocitar de um corvo grande pareceu confirmar que Deus o ouvira pela segunda vez naquele dia. Ao abrir o portão da sua sempre cuidada casa, os filhos o receberam com alegria e informaram que uma nova fornada de pães tinha sido terminada. Contrito e agradecido, Henry comentou que Faith era a melhor padeira da região. As crianças concordaram e todos ficaram felizes. À noite, tomando o pão insosso e compacto nas mãos, o pai deu graças com intensidade e agradeceu que só Deus fosse a Verdade. É preciso ter esperança. E sempre pensar naquilo que desejamos. Quando Deus quer punir, por vezes, Ele atende a oração do fiel.

Duas livrarias e uma cidade

A cidade era famosa pela população ordeira e leitora. Na rua principal, duas livrarias alimentavam a avidez do povo de Santa Cruz com ideias impressas. Eram separadas por poucos metros e, talvez, por milhares de quilômetros. Explico-me.

A livraria Cruzador Aurora sempre apostou no discurso engajado. Colocou cartaz dizendo que ali não se admitia racismo ou misoginia! A trilha sonora interna tocava Violeta Parra. A cada semana, a vitrine anunciava uma promoção: "Compre seus autores aqui, 10% do lucro será dirigido para quilombolas". Alunos de Humanas e algumas ovelhas desgarradas das engenharias compravam e davam preferência por levar os livros em sacolas feitas com materiais orgânicos por comunidades. Todos os clientes recebiam a atenção especial de um grupo simpático de vendedoras, vendedores e "vendedorxs". Uma severa política de cotas no RH privilegiava mulheres negras nas contratações. Transgêneros e imigrantes também encontravam abrigo trabalhista. O espaço tradicional era quase um *soviet* harmônico, uma república feliz no coração de uma Woodstock que nunca se encerrava.

A outra, oposta, era a livraria Ordem e Progresso. Livros bem encadernados, obras completas de Plínio Salgado, grandes romances clássicos, best-sellers de denúncias contra ONGs e contra a esquerda. Na entrada, em destaque, o cliente era apresentado ao *Livro negro do comunismo*, um libelo contra regimes vermelhos. Metros adiante, na livraria rival, exibia-se, com o mesmo destaque, *O livro negro do capitalismo*.

Desejava adquirir algo sobre Von Mises e suas ideias econômicas? Sempre havia boas ofertas na Ordem e Progresso. Faltava-lhe algum volume de Marx ou Foucault? A rival era seu destino. *As veias abertas da América Latina?* Encabeçava a lista dos mais vendidos na rubra. *Manual do perfeito idiota latino-americano* era avidamente consumido na outra.

As duas ilhas conviviam quase sempre de forma tranquila. Tinham seu público. Uma não roubava clientes da outra. Viviam em dois planetas distintos, cada qual com seu sol, como o de Krypton era vermelho e o da Terra sempre seria amarelo.

A partir de 2013, a tensão entre as lojas aumentou. Por um gesto extraordinário de marketing, a "Aurora" (como era conhecida pelos fãs) conseguiu uma palestra de Judith Butler. Foi a declaração de guerra. Cartazes, acusações recíprocas, *fake news*, manifestações: os grupos elevaram o tom quase às vias de fato. A vingança veio um mês depois: a Ordem e Progresso – que não tinha apelido porque seus leitores detestavam informalidades – convidou Roger Scruton, pouco antes do falecimento do britânico. A cenografia antípoda se repetiu. "Vai para Cuba, comunista safado" era jogado ao sol de outono. "Fascista lambedor de coturno", vociferava o grupo oposto.

A pequena cidade de Santa Cruz oscilava entre os dois núcleos comerciais. Famílias inteiras eram devastadas porque se descobria que uma parte comprava no reduto "conservador" e outra na "vanguarda dos povos". Natais foram estragados. Grupos de WhatsApp eram feitos a partir da opção de compra. Quase toda família tinha um grupo só com os parentes que frequentavam uma livraria e outro com os leitores que estavam na outra. Não se permitiam trânsfugas. Quem decidisse ler outra coisa ou dizer que amava Machado de Assis apenas, sem ideologias políticas, sem panfletos, era apupado como "isentão"!

A cizânia era tão venenosa que o juiz local decidiu convidar os donos dos estabelecimentos para uma conversa franca. Não era possível transformar a rua principal de Santa Cruz em uma fronteira armada da Guerra Fria. "Basta", bradou dr. Sanderson Turlan. Aproveitou-se de uma queixa formal, decidiu assumir um papel moderador. Pediu a presença do delegado como testemunha para o choque de duas placas tectônicas bibliográficas.

No dia do encontro, com pontualidade de fazer corar um calvinista de Zurique, entrou um simpático senhor de meia-idade. A roupa e os modos anunciavam dinheiro sólido. "Sou o proprietário", anunciou com voz de barítono. "De qual delas?", perguntou o juiz sob olhar atento do delegado. "De ambas", ele respondeu com serenidade. Houve prolongado silêncio na sala de móveis austeros. "Como assim?", disseram, quase ao mesmo tempo, os dois. Estavam atônitos! O desconhecido arrumou os óculos e narrou que o mercado estava polarizado. Apostar em um segmento era invalidar o outro. Assim, com promoções aparentemente rivais, ele conseguia atender as duas torcidas e manter um excelente capital de giro. Havia momentos (como no governo Lula) em que uma livraria "bombava". Em outros (como nos anos Bolsonaro), fortalecia-se o plantel da outra. "Nunca sabemos quem estará no poder, assim, decidimos apostar nos dois setores." "Qual seu nome, meu senhor?", perguntou o delegado. Sou Joseph Itadesco, disse o homem pigarreando em um lenço de tons alaranjados e com borda vermelha. Nunca tivera partido, afirmava. Era a favor do país.

A audiência informal foi encerrada. Não havia crime em ter duas lojas e os impostos estavam em dia. O zeloso empreendedor agradeceu e se retirou. Já na porta, voltou-se e anunciou uma terceira livraria: a Rosa Cálida. Ela venderia apenas livros de autoajuda e romances espíritas e declararia, desde a porta, sua absoluta neutralidade política. Por que brigar se você pode optar agora por três projetos distintos? Esperança tem CNPJ?

A paciência da Jô

Jossylmara nasceu detestando seu nome. Soletrou a vida toda, enfrentou *bullying* na lista de chamada da escola e, por fim, dia após dia, chegou aos 23 anos sem conseguir responder por qual ódio especial à vida seus pais lhe deram aquele nome. Assumiu-se Jô. Evitava a vogal aberta porque tinha ojeriza a uma vizinha que adotara o Jó como apelido.

Jô tinha crescido infeliz. Era uma insatisfação geral consigo e com o mundo. Tudo era desmedido para ela; ou era pouco: pouca renda, pouca estatura; ou muito: muitos trens e ônibus, muita barriga. Seguiu a vida esperada e conseguiu concluir o ensino médio. Jô ouvira do pastor que ela precisava ter a paciência que seu nome indicava na Bíblia. Ela duvidou que houvesse alguma profetisa com o nome que a incomodava. "Deus dá e Deus tira, bendito seja o nome do senhor", citou o líder religioso. Amarga, Jô voltava para casa retrucando: "De mim, só tirou".

A corte celeste está reunida. Satanás chegou sem convite diante do Todo-poderoso. Vangloriou-se dos seus muitos seguidores pelo mundo e anunciou novos planos de expansão de mercado. Deus mostrou-lhe um poço no qual se via Jô voltando para casa e reclamando. "Você consegue derrubar o mais elevado sonho e desgastar a fé mais robusta. Já imaginou tentar fazer feliz esta mulher?" O demônio gostava de desafios. Tinha ouvido no RH do inferno que precisava sair "da caixinha", que estava muito acomodado nos últimos quarenta mil anos no mesmo lugar. Por tédio ou para irritar o arcanjo Miguel que se postava ao lado do Pai, aceitou. Jô seria uma mulher feliz.

Resmungando como de hábito, Jô desceu do ônibus e, sem perceber, uma mão diabólica a empurrou na frente de um carro de luxo. Calma, queridas leitoras e estimados leitores. O Diabo escreve errado por linhas retas. O carro bateu de leve na infeliz e ela caiu. O motorista era um jovem afortunado e, algo raro, recolheu a jovem e a levou ao hospital particular mais próximo. O pai do rapaz era candidato a prefeito e achou que o caso poderia ser um obstáculo à pretensão política. Quando Jô despertou no leito de um quarto privado, viu-se cercada de flores e afetos. Dr. Diogo, o zeloso candidato, tinha pedido que aproveitassem a inconsciência da jovem para restaurar os dentes que ele supunha quebrados no acidente. Na verdade, eram ruins antes, mas Jô foi aceitando. A comida do hospital era balanceada e a paciente perdeu bastante peso com fisioterapia. Tinha saído do hospital com uma boca nova e com corpo muito melhor do que entrara. A família do político ofereceu uma pensão e uma viagem para ela descansar do incidente. Supunham que ela processaria a todos. Jô ia aceitando tudo, dizendo obrigadas, sem saber que a mão do demônio estava ali, arranjando aquela ventura.

A viagem de Jô foi um impacto. Pela primeira vez ela pegou um avião e viu o mundo. A rotina da pobreza era um torpor e ela havia despertado. Descobriu-se ávida de saber. Tinha sido aluna indolente. Era, agora, um prodígio de leitura. O peso perdido no hospital virou uma meta de vida. Corria diariamente. Os museus foram visitados com sofreguidão. Os cremes do hotel tinham revelado uma pele excelente que apenas se ressentia de um histórico de ausência de cuidados.

Voltou ao Brasil dois meses depois. Era uma nova mulher. Como a situação política do segundo turno ainda não tinha se definido, a família do candidato ofereceu a ela um *flat* nos Jardins e uma renda. Tudo era para calar a nova e radiosa boca da vítima. Para selar a felicidade de sua nova *protégée*, o Diabo inspirou aos advogados do candidato que a situação era delicada e a oferta deveria ser maior.

Meses após o empurrão diante do carro de luxo, ela era outra pessoa. Quem a visse selecionando um vinho nunca imaginaria, magra e sorridente, a moça infeliz de há pouco. O seu mentor infernal não cansava de contar vantagem nas reuniões da firma celeste. Na convenção do fim do ano, o Demônio apresentou o *case* de Jô com um *powerpoint* maravilhoso. Foi aplaudido de pé até por Santo Antônio. Deus, CEO de tudo, sorria com certa ironia quase cansada.

A jovem explodia de felicidade. Desejava mais viagens. O corpo estava ótimo, porém poderia melhorar. Tinha conseguido um bom emprego. Já nem precisaria da mesada do candidato. Ao deitar a cabeça na fronha de mil fios, Jô começara a imaginar a vida passada. Insinuou-se uma dor: *E se eu voltar a ser pobre e feia?* Afastou a ideia e tentou conciliar o sono... que não veio. Sabia o horror de ganhar o suficiente para chegar ao fim do mês. Trabalhar sem parar e obter o mínimo. Olhou no espelho do banheiro e viu seu novo rosto com dentes perfeitos e se lembrou de tudo. Aquilo era uma máscara. Seu rosto antigo continuava lá sob todos os disfarces. Foi a primeira vez que ela notou que a felicidade tinha sido rápida demais e que o risco de tudo retroceder era real. Chorou muito, como nunca tinha chorado. Era infeliz antes do acidente, porém, sem muita consciência. Agora, era desesperadamente infeliz. Tinha experimentado tudo o que desejava e o medo explodira com a nova fase. Entrou em crise. Desenvolveu síndrome do pânico. Não conseguia mais sair à rua com medo de perder o que tinha conseguido. Temia a velha aparência que dormia sob a capa dourada da nova.

Jossylmara renasceu deprimida. Olhando, invisível, Satanás também estava intrigado. Ele ajudara em tudo. Sondava os anseios dela e atendia. Era bom nisso. Estava tão absorto na análise da depressão de Jô que não percebeu que Deus tinha vindo ao quarto. "Eles aceitam tudo, meu caro, menos a felicidade. Venho tentando desde o Éden..." O Diabo concordou. Voltou a fazer o mal que era algo mais natural e bem-aceito. Possuiu mais pessoas, afastou casais e levou muita gente ao vício. Era temido e todos achavam aquilo natural. Os irmãos de Jô a retiraram do quarto do *flat* em crítico estado depressivo. Ao retornar ao casebre, ela sorriu pela primeira vez em semanas. "Deus dá e Deus tira, bendito seja o nome do Senhor", sussurrou. É preciso ter a paciência e a esperança do Jó bíblico para as agruras deste mundo...

O prato feito de Próspero

Próspero Teixeira tinha um bar em São Paulo. O estabelecimento estava localizado naquela terra de transição que temos em muitos pontos da metrópole: o cruzamento do crepúsculo de alguma área elegante com a aurora de uma zona de desmanche urbano. Os paulistanos conhecem bem tais regiões: possuem o charme da mestiçagem econômica com seres que perambulam entre um e outro. Entre o bistrô que servia filé de Saint Pierre sobre um leito de rúculas e o botecão-raiz que possibilitava rabo de galo com Cynar, estava o pequeno negócio do nosso protagonista.

De origem modesta e muito trabalhador, Próspero servia um popular prato feito na região. O cardápio seguia a norma pétrea não escrita: a semana abria com virado à paulista, uma composição deliciosa para quem acredita que colesterol é uma invenção da indústria farmacêutica para vender remédios. No dia seguinte, despontava um aclamado bife a rolê. Havia cumbucas fumegantes de minifeijoadas às quartas, macarrão às quintas e peixe frito para encerrar a semana útil. Havia um curinga universal e com mercado garantido: feijão, arroz e peito de frango. Surgiam trabalhadores braçais de prédios da região e alguns *hipsters* flanando na área cinzenta entre o popular e o sofisticado.

Era um dia de chuva torrencial. Parecia uma tempestade. Esbaforida entre sombrinha e capa, uma moça negra de olhar agudo pediu o prato escrito a giz em um quadro à porta. Quando foi ao caixa pagar, agradeceu de forma delicada e se despediu dizendo: "Somos feitos da mesma matéria dos sonhos". Um trovão súbito pareceu sublinhar a ideia enunciada. Próspero sorriu como sempre o fazia quando não entendia algo. Ele lidava com um público variado e aprendeu que era melhor assim. A frase permaneceu na sua cabeça.

Pouco tempo depois, em uma tarde de sol, ela retornou ao bar para o macarrão. Encorajado pela saudação franca, ele perguntou: "O que significava a frase dita?". Ela explicou que era uma citação da peça de Shakespeare, *A tempestade*, na qual há um personagem chamado Próspero, exatamente como o nome dele, e que o pai dele devia ter optado pelo nome por causa da obra. O homem soltou um riso mais alto e disse que o pai tinha feito essa escolha para que o filho prosperasse e que, provavelmente, nunca tinha lido tal peça. Carolina explicou que trabalhava para uma editora paulistana e que a ofertaria a ele.

Na feijoada seguinte, a moça cumpriu a palavra com uma dedicatória: "Para você prosperar na alma". O proprietário do bar nunca tinha recebido um livro autografado e ficou surpreendido com a letra de Carolina. Controlou a emoção. Prometeu ler. Para surpresa dela, quando serviu o virado de abertura da semana, já tinha devorado o presente. Debateram o sentido do discurso do ex-duque de Milão, riram juntos de Caliban e repetiram a reflexão sobre o "admirável mundo novo" de Miranda. O olhar de ambos indicava que o livro tinha estabelecido uma ponte entre o mundo da tradução e da culinária popular. Era a matéria de um sonho improvável virando parte da constituição de ambos.

A sofisticada Carolina e o clássico de Stratford tinham produzido uma mudança na rusticidade do migrante Próspero. Um mundo de discursos longos e reflexivos trazia uma novidade para nosso Próspero. A vida sempre fora prática, direta, repetitiva e de resultados. Acordava de madrugada, fazia as compras no Ceasa com a Kombi. Descarregava-a no restaurante, contava com uma dedicada cozinheira de muita confiança, servia e fazia as próprias cobranças. A sequência de pratos era fixa, não havia grandes sustos e alegrias intensas. Viver era trabalhar, fazer o que deveria ser feito, servir com um sorriso e levar palitos de dentes para algumas pessoas. Um destronado duque, um espírito do ar como Ariel, intrigas palacianas, magias em livros e mantos, os sofrimentos de Ferdinand por amor e as graças de Trínculo eram uma novidade. Os nomes eram tão sonoros que ele repetia maravilhado entre um copo e uma esponja: Stephano, Alonso... A cada novo prato servido, a linda Carolina percebeu que ele decorava mais e mais trechos da peça do período final do Bardo. A vida ganhava outra dimensão.

As mãos se tocaram pela primeira vez no dia do bife a rolê. O primeiro filme foi uma sessão de *A tempestade* (*The Tempest*, 2010), de Julie Taymor. Eles acharam ótimo a personagem central ter virado uma mulher. Beijaram-se longamente ao ouvir a frase que tinha cativado a atenção dele: "Somos feitos da mesma matéria dos sonhos". Casaram-se quatro meses depois, no entardecer do almoço de peixe frito. A primeira filha? Claro! Miranda, como convinha à filha de um novo tipo de duque.

O negócio prosperou ainda mais, sempre mantendo o clima intermediário entre a pretensão gastronômica da rua acima e os problemas sanitários e fiscais da parte seguinte. As paredes ganharam frases de Shakespeare escolhidas por Carolina. Era lindo ver pessoas repetindo após o almoço: "Ame a todos, confie em poucos e não faça mal a ninguém".

Com o nascimento do segundo filho, Ariel, o jovem casal decidiu ir a Stratford-upon-Avon. A família comeu *fish and chips* perto da igreja onde repousa o poeta. Ao pagar, nosso Próspero disse solene e orgulhoso: "*We are such stuff as dreams are made on*" [Nós somos coisas das quais os sonhos são feitos]. Muita esperança para aqueles que se permitem ser da mesma matéria dos sonhos.

Os gomos do desejo

Jogando bola com amigos e sem camisa, Guilherme parecia ter um bom corpo. Sua namorada elogiava sua definição muscular. Ele sorria e baixava o rosto, sinal de que concordava com a fala. Porém, ele tinha um "espinho na carne", como Paulo descreve aos Coríntios. O drama paulino é um mistério teológico. O de Guilherme é fácil de identificar: músculos abdominais definidos. Sim, nosso jovem é magro, todavia nada indica sob a pele lisa que se agitem as rugosidades que os romanos chamavam de "pequenos ratos" (origem da palavra músculo) sob a epiderme. Inexistia o "tanquinho".

Guilherme sentia a falta dos gomos e seguia na busca. Houve dietas rigorosas, suplementos, abdominais com peso e corridas épicas. Privou-se de quase tudo de que gostava à mesa e colocou fotos de pessoas definidas na porta do refrigerador. Foram tantas imagens de modelos homens que a mãe já imaginava que não surgiriam netos a consolar sua velhice. Enganava-se. Os fisiculturistas e modelos eram um espelho para Guilherme, uma meta e não uma inclinação erótica. A luta continuava...

Houve riscos à saúde com substâncias mais agressivas. O curioso é que toda a vida do jovem era marcada pelo equilíbrio. Em política, esportes e no trato com as pessoas, ele era a imagem da ponderação. O carro da razão só tropeçava no tema abdômen. Inflamava-se. Elogiavam alguém e ele lançava: "É, mas sem músculos abdominais definidos". Indicavam algum ser de fealdade notável e ele defendia: "Verdade, porém possui músculos abdominais definidos".

Havia uma neurose a caminho e ela crescia, ao contrário do seu tanquinho. Um dia, Helena sorriu feliz para ele durante um banho a dois, de puro afeto gratuito. Ele se irritou: "Você está rindo porque eu não tenho gominhos, não é?". Ela se irritou pela quebra do "clima" e disse que ele era lindo e que ela não se importava. Era nítido que as palavras dela soavam assim ao cérebro com tal ferida narcísica: "Sim, você é bonitinho, pena que não tenha abdominal definido. Se tivesse, eu seria feliz...".

Os esforços de Guilherme atingiram todo o corpo: engrossou os braços, definiu as coxas, realçou o peitoral e desenvolveu o melhor trapézio da turma de amigos. O corpo reagia aos pesos e aos fármacos. A dieta ultrarrestritiva produziu um jovem esculpido. Tudo perfeito. Menos... o abdômen. Ele chegou a ver um site com um implante de matérias rugosas sob a pele que reproduziam os desejados músculos inatingíveis até então. A publicidade em torno de uma morte em busca similar o fez temer.

Os vídeos eram claros. As pessoas de sucesso (no vocabulário guilhérmico isso significava "os com gominhos") insistiam. O caminho estava indicado: bastava aumentar o esforço. Mais dieta, mais pesos, exercícios em ângulos cada vez mais criativos, um novo *personal* especializado na região. Ele fazia atividades concentradas para o oblíquo interno, tarefas da tarde para o reto abdominal e não descuidava do transverso abdominal: nem Leonardo da Vinci soubera tanto de anatomia como Guilherme. A gordura do moço estava em índices de competidor profissional. Pernas e peito exibiam fibras felizes. Os gominhos abdominais continuavam na Terra do Nunca como um sonho de Peter Pan anabolizado.

Por vezes, ele se sentiu como o Salieri do filme *Amadeus* (dir. Milos Forman, 1984): sacrificara tudo e o talento foi dado a um devasso não inclinado ao esforço. Guilherme contemplava Mozarts na academia que já tinham vindo ao mundo com seis e até oito gomos perfeitamente desenhados. Comiam mal, treinavam errado e ganharam da Divina Providência a tal genética privilegiada. Voltava para casa triste e contemplava seu pai com certa raiva. Um dia, durante um jantar, soltou uma reclamação aos progenitores: "Odeio minha genética" e saiu chorando da mesa.

Guilherme cresceu entre os rochedos do desejo denegado e as ondas da resignação. Parou de reclamar em função da crescente irritação de amigos e familiares. Com ajuda psicológica, acabou percebendo que era possível conviver com um grau de frustração e tentou milhares de explicações psicanalíticas para o desejo tão potente. Os gomos, por volta dos 35 anos, desapareceram naquela fase em que a nau biográfica de cada um já cruzou o Cabo da Boa Esperança e está mais fácil chegar daquele jeito às Índias do que retornar a Lisboa. O diabo velho sabe mais por velho do que por diabo, asseguram espanhóis. A calma sobreveio e, cercado de filhos, de uma esposa dedicada e de um emprego estável, os anos transcorreram tranquilos. Chegaram momentos em que ele, contemplando fotos da juventude em jornadas com anilhas e corridas, pensava que fora tomado por certa psicose. Sorria, feliz, percebendo que era coisa do passado.

Já homem maduro, Guilherme foi diagnosticado com doença de Crohn. O mal resistiu a muitos tratamentos e paliativos. O sintoma de uma diarreia quase intermitente tornou a vida do nosso protagonista complexa, ainda que não trágica. Adaptou-se à perda de peso. Aquele que nunca fora obeso agora estava, extraordinariamente, magro. Nem assim, nem com o avançar da doença, os gominhos surgiram. O corpo cedeu à idade e a complicações variadas. Leve e magro, e sem músculos abdominais definidos, Guilherme foi velado por uma família chorosa. Levara uma vida honrada e produtiva. O tio escultor presenteou a viúva com a imagem de um crucifixo em bronze finamente lavrado. A bela obra foi colocada sobre o jazigo: um Jesus dependurado na cruz, com sua roupa sumária, exibindo oito claros e definidos gominhos abdominais. Para sempre, sobre o corpo de Guilherme, a lembrança que, por vezes, há coisas que não se consegue na vida, todavia a ironia sempre vela por todos na morte. Não tendo conseguido seu desejo maior, seria agora julgado por alguém que tinha gominhos abdominais sem nunca ter se importado com eles. Acima dele e do mundo, os abdominais divinos e a frustração terrena. É preciso sempre ter esperança, nem sempre é necessário o abdominal marcado. Há coisas que são de Deus.

Jesus, perspectiva e Rosário

Maria do Rosário nasceu religiosa e simples. Sua vida na pequena Formiga, em Minas Gerais, foi a mais pacata possível. Trabalhava com prazer e aproveitava as horas de folga para rezar na Matriz de São Vicente Férrer, o dominicano que a socorria em todos os campos. Amava presépios e o Natal era sua data de quase êxtase místico. Cozinhava cantando hinos e dormia agarrada às contas que lhe davam o nome de batismo.

Um dia precisou acompanhar a irmã que necessitava de cuidados médicos em São Paulo. Era a primeira vez que ficavam longe de Formiga. O tratamento prolongou-se. Os médicos davam nomes complicados e Rosário se apegava à imagem do santo da sua infância e ao seu hábito de mistérios e de ave-marias.

O dinheiro das duas escasseou e a permanência se ampliou. Como nunca temeu trabalho, Rosário decidiu procurar sustento. Um médico disse que seria bom ter ajuda em casa. O infectologista morava em Higienópolis. A mineira viu em tudo a mão de Deus, de Nossa Senhora do Rosário e de São Vicente Férrer. Entrou no quarto do apartamento cantando, mentalmente, uma música do Padre Fábio de Melo, cidadão de Formiga, algo que a enchia de muito orgulho. Instalou-se e logo colocou a imagem do santo sobre a mesa ao lado da cama.

A família do dr. Isaac era muito boa e d. Sara, a esposa do médico, logo se ligou à simpática e feliz Rosário. O salário, em São Paulo, era muito maior do que ela receberia em Formiga. Tudo era perfeito, menos uma coisa que ela ainda não sabia: a tal da perspectiva...

Explico-me. Quando falou, ao servir o jantar, que ela era de Formiga, nenhuma pessoa da família Stein sabia onde ficava. Deu referências: Candeias, Pimenta, Pedra do Indaiá... Nada. O segundo choque de perspectiva veio da simpática Sara Stein: ao ver a imagem de São Vicente Férrer no quarto da contratada, indagou quem seria. A mineira católica ficou abismada! Era o santo amigo de papas, um homem de cultura enorme e que a amparava em todos os momentos. Ao lado da imagem do padroeiro, estava a outra devoção: Nossa Senhora do Rosário. D. Sara disse que aquela ela conhecia, deveria ser a imagem de Aparecida! Rosário ficou chocada. Era alguém que não conhecia imagens. Como era de excelente índole e sempre queria se adaptar, perguntou à matriarca dos Stein quais eram os santos que guiavam aquela família que parecia tão boa. D. Sara sorriu e explicou que eles eram judeus e que, assim, não tinham imagens ou santos. Era demais para a doce cozinheira. Tentando contornar o paradoxo inexplicável de alguém no mundo não ser católico e devoto, perguntou, então, quando eles comemoravam o Natal. D. Sara respondeu com calma que eles não celebravam o nascimento de Jesus. A informação foi além do que Rosário supunha plausível, como se tivesse descoberto outro universo.

No dia seguinte, tendo sido informado do diálogo, o culto dr. Isaac conversou com Rosário durante o café. Lembrou a ela que os cristãos eram muitos, quase dois bilhões, porém o mundo tinha mais de sete bilhões e meio de habitantes. Assim, para o número enorme de cinco bilhões e meio, havia outros caminhos que não os de Jesus como Salvador. Por exemplo, dizia o médico em tom didático, nós somos judeus e Jesus mesmo nasceu como parte de uma família de judeus de muita fé e sofreu circuncisão e cumpriu muitos dos mandamentos de Moisés. Isso, disse o médico, era... perspectiva. Era um pouco demais para ela. A fé de Maria do Rosário encontrara perspectiva.

O Natal se aproximava. A cozinheira estava convencida de que aquele mundo era diferente mesmo: não identificou árvore na casa, enfeites, presépio ou compras. Sim, o doutor estava certo: eles não viviam o Natal. Tendo recebido a primeira quinzena de trabalho, comprou uma imagem de Jesus na manjedoura. Agarrou-se ao pequeno infante de Belém que nunca parecera tão indefeso.

Chegava o dia de sair do hospital e as irmãs estavam cheias de júbilo. Talvez passassem a Missa do Galo em Formiga. Quem assinou a alta foi o dr. Fouad. Em alegria intensa, Rosário perguntou a ele onde passaria o Natal. Ele, gentil, desconversou. Rosário sorriu, pois já sabia de tudo: "Sim, o senhor deve ser judeu". O médico anunciou que era islâmico, religião de mais de um bilhão e meio de pessoas. Para eles, Jesus era um profeta, todavia não era Deus nem redentor dos homens. O nome que o médico disse para Jesus era outro: "Para nós, ele é Issa". Perspectiva de novo!

As duas pegaram o ônibus no Terminal do Tietê e voltaram para Formiga. Chegaram na manhã do dia vinte e quatro de dezembro. A cidade estava toda preparada. Havia luzes ao entardecer. O presépio estava montado na igreja conhecida. Lá, o Jesus da bolsa de Rosário voltou a crescer e a ocupar todo o espaço mental. O mundo voltara ao seu eixo e a doce protagonista sempre narrou aqueles meses em São Paulo como uma experiência muito boa, contudo, ela preferia sua cidade. Uma formiga católica em Formiga, feliz, cercada de gente que sabia quem era São Vicente Férrer. O tamanho de Jesus em cada pessoa é um milagre constante. O importante é a esperança.

Para encerrar: esperança?

Mário Quintana garantia que ela habitava o décimo segundo andar do ano. E que se trata de uma mulher completamente ensandecida. No fim, ao ouvir os gritos de Ano-novo, ela se atira daquela altura distante e cai... feliz. Nenhum dano. A esperança está incólume na calçada. Milagre! É uma menina de novo! O lindo poema encerra com a curiosidade despertada pelo fato ímpar: "E em torno dela indagará o povo: 'Como é teu nome, meninazinha de olhos verdes?' E ela lhes dirá (É preciso dizer-lhes tudo de novo!). Ela lhes dirá bem devagarinho, para que não esqueçam: 'O meu nome é ES-PE-RAN-ÇA...'" (*Nova Antologia Poética*, Globo, 1998, p. 118). O mesmo autor gaúcho garantia que, sim, há problemas na vida. Há gente que atravanca o caminho. "Eles passarão. Eu passarinho." É quase um haicai de esperança e de otimismo.

Gonzaguinha tinha um texto musical que sempre convém cantar no fim do ano. "Eu sei que a vida devia ser bem melhor e será, mas isso não impede que eu repita: é bonita, é bonita e é bonita!" (EMI, 1982). Impossível ler esses versos sem cantarolar mentalmente a mensagem. A vida é bonita, claro, com momentos oscilantes. Vale o conjunto da obra.

Acusam as mensagens de esperança de serem analgésicos, opiáceos para a dor da vida. Viver é sofrer e nada teria sentido. As mensagens otimistas, como a de Quintana ou Gonzaguinha, seriam apenas medicamentos.

Não duvido da presença universal da dor. Não importa o que eu faça; em alguma esquina, dorme o cão raivoso da doença, da crise e da morte. É um Cérbero de três cabeças que, sempre, inexoravelmente, conseguirá me pegar pelo calcanhar e machucar. Ele é sorrateiro. Eu sei disso. Já levei dentadas do bicho. Porém, um médico equilibrado sabe que o analgésico tem efeito, diminui a dor e permite seguir o tratamento. Se esperança pode ser aspirina leve ou morfina pesada, serve para enfrentar os cachorros hidrófobos dos becos sombrios. Seria estranho ler mensagens pessimistas diante do desafio de enfrentar o real, como se eu quisesse ficar batendo na carne que sangra para que ela possa, ainda mais, derramar meus fluidos.

A vida encontra sentido nela mesma. Sorrir ou ler mensagens positivas nunca evitará que ocorram coisas difíceis. Porém, a esperança contida é sempre uma maneira de encarar com humor e leveza, dar perspectiva, ver com menos peso. O pessimismo tem um defeito: reforça a dor. A esperança pode torná-la mais graciosa, mesmo que saibamos ser inevitável. Sempre aposto na aspirina, nunca no prego quente que ajude a perfurar ainda mais a parte atingida. Tem gente que acha que a dor é sinal de maturidade e que a alegria seria infantilidade. Eu diria que a fixação no sofrimento é algo estranho. Não precisamos abusar de analgésicos, apenas usar quando algo incomoda, para ter clareza e resolver o problema. Quando a dor nos domina, ficamos desnorteados. O analgésico diminui a dor, não resolve a doença, entretanto cria um caminho seguro para eu buscar a cura. A dor alucina, a esperança acalma.

Existe algo ruim em fingir felicidade que se espalhou nas redes sociais nos últimos anos. Há um sentimento mais antigo, com raízes religiosas e filosóficas, de centralizar o sentido na dor e na tragédia. As duas posturas parecem ver um polo de alegria ou de dor como o caminho válido. São falsas, ambas. O sentido da nossa biografia não é gargalhar ou chorar o tempo todo. A existência não nasce dos dentes expostos ou do desespero. A vida vale por ela mesma.

Tarcísio Padilha escreveu que "o pessimismo cessa tão logo começamos a agir, a pensar, a amar e a esperar". Existe, claro, uma exceção a tudo que eu já disse e direi: a depressão é uma doença e assim deve ser encarada e tratada. O pessimismo crônico, se não for fruto da depressão, é um disfarce engenhoso para a não ação. Explico-me: se nada pode ser feito, se tudo dará com os burros n'água, não preciso agir. Assim, no rastro da ideia de Padilha, a ação estabelece uma reação ao pessimismo e tende a desfigurá-lo. Esperançar, esperar com ação e determinação, é decorrência disso. Meu amigo Cortella enfatiza a bela ideia de esperançar. Esperança não reside na espera apenas, inerte, porém na ação efetiva. O grande londrinense vai além: é preciso transbordar esperança, ir além da borda, ampliar o mundo. Dando voz direta a Cortella de novo: "Esperançar é se levantar, esperançar é ir atrás, esperançar é construir, esperançar é não desistir! Esperançar é levar adiante, esperançar é juntar-se com outros para fazer de outro modo".

Acredito no otimismo solar de Mario Sergio Cortella e nas boas indicações de poetas e filósofos. Acredito que, se a dor é inevitável, o sofrimento pode ser diminuído pela esperança. Vamos esperançar muito daqui para a frente. Repare: ela está lá no alto, do 12º andar com cara de epílogo. Falta pouco para o salto maravilhoso e a metamorfose em nova criança, sempre verde, fértil e vicejante.

Voltando a Gonzaguinha, esta é a beleza "de ser um eterno aprendiz". E renascer sempre, como a esperança que vai saltar a qualquer momento para ficar junto aos que passam pelo burburinho abaixo. Feliz futuro repleto de esperança. Esperançar é um lindo hábito brasileiro.

AGRADECIMENTOS

Todo texto pode apresentar defeitos. Os meus teriam ainda mais se não houvesse bons leitores críticos, indicadores de caminhos e corretores de imperfeições. Muito obrigado a Luiz Estevam de Oliveira Fernandes, Rose Karnal e Valderez Carneiro da Silva. Parte do sucesso tem uma tripla pluma misteriosa a pairar sobre minha escrita: vocês. Leram as crônicas todas as semanas e indicaram caminhos preciosos. Agradeço, por fim, a Nelson Garrone pelas preciosas indicações.

**Acreditamos
nos livros**

Este livro foi composto em Adobe Garamond
Pro e Bliss Pro e impresso pela Geográfica para a
Editora Planeta do Brasil em junho de 2021.